FRAGMENTS ET TÉMOIGNAGES

BIBLIOTHÈQUE DES TEXTES PHILOSOPHIQUES
Fondateur Henri GOUHIER Directeur Emmanuel CATTIN

SÉNÈQUE

FRAGMENTS ET TÉMOIGNAGES

Introduction, traduction et notes
par Robert MULLER

PARIS
LIBRAIRIE PHILOSOPHIQUE J. VRIN
6 place de la Sorbonne, V^e^

2025

Imprimé en France
ISSN 0249-7972
ISBN 978-2-7116-3227-5
www.vrin.fr

INTRODUCTION

Sénèque se trouve être le premier auteur stoïcien dont on possède un nombre important de textes originaux. On sait que ce n'est pas le cas pour les représentants de ce qu'on appelle *ancien* stoïcisme (Zénon, Cléanthe, Chrysippe) et stoïcisme *moyen* (par exemple Panétius et Posidonius) ; ces philosophes ne nous sont connus qu'à travers des « fragments » et des « témoignages », transmis par des sources parfois bien éloignées des philosophes dont elles parlent. À partir de Sénèque au contraire, nous avons accès à un nombre plus ou moins important d'œuvres originales conservées, dont notamment celles d'Épictète et de Marc-Aurèle.

Écrivain de talent, Sénèque est de surcroît un auteur prolifique : nous restent de lui une dizaine de traités philosophiques, plus d'une centaine de lettres, huit ou neuf tragédies, et une brève et étonnante satire sur la mort de l'Empereur Claude[1]. Mais on ignore en général que cet ensemble ne représente qu'environ la moitié de sa production totale. L'autre moitié serait constituée par une quinzaine d'œuvres perdues, connues uniquement par des titres et des citations que l'on doit à divers

1. Voir la liste des œuvres de Sénèque à la fin de l'Introduction. Les *Épigrammes* posent des questions particulières, voir l'Introduction, p. 81.

auteurs anciens[1]. Dans certains cas, il s'agit de véritables fragments, dans d'autres de témoignages et informations diverses sur le contenu des œuvres. Si ces restes ne nous consolent pas de la perte d'ouvrages parfois considérables, ils sont cependant loin d'être insignifiants : certains parce qu'ils nous donnent malgré tout des informations sur ces œuvres inconnues, d'autres parce qu'ils développent des questions que les œuvres connues de Sénèque n'abordent que succinctement. C'est la raison pour laquelle cette part de la production de l'auteur mérite qu'on s'y attarde et qu'on l'examine de plus près.

L'accès à ces textes est cependant loin d'être aisé. Il faut en effet passer par l'identification et la collecte des matériaux pertinents dans la littérature ancienne. Les siècles passés nous ont livré divers travaux sur cette question, mais si l'on veut avoir une vision complète des œuvres perdues, il faut se tourner vers les recueils qui ont fait une recension systématique des fragments et témoignages : celui de Juste Lipse de 1605, celui de Friedrich Haase de 1853 et plus près de nous celui de Dionigi Vottero de 1998[2]. Ce dernier offre au lecteur un texte critique assorti d'une traduction italienne, précédé d'une Introduction substantielle et suivi d'un ample Commentaire. Ce travail remarquable, reconnu comme tel[3], constitue une avancée décisive; c'est à lui qu'il convient de se référer désormais, et c'est lui qui tout naturellement est à la base de la présente traduction.

1. En dehors de quelques rares fragments manuscrits.

2. Pour le détail de ces éditions, voir le bilan effectué par la dernière d'entre elles : Lucio Anneo Seneca, *I frammenti*, a cura di Dionigi Vottero, Bologna, Patron, 1998, p. 94 *sq*.

3. Cf. *Dictionnaire des philosophes antiques*, sous la direction de Richard Goulet, Paris, Editions du CNRS, vol. VI, 2016, p. 183.

Dans cet ouvrage, la sélection des fragments se conforme globalement aux travaux des éditeurs précédents, mais au prix de divers remaniements. Ne retenant comme ses prédécesseurs que les fragments qu'on peut raisonnablement considérer comme authentiques, Vottero aboutit à un ensemble de 101 pièces appartenant à des œuvres perdues identifiées[1]. L'éditeur a cependant pris soin de distinguer – à juste titre – ce qui est *fragment* au sens propre, c'est-à-dire ce qui est de la main de Sénèque, et ce qui apparaît comme *témoignages* d'autrui sur tel ou tel ouvrage ; la numérotation est continue mais chaque numéro est affecté de la lettre F ou de la lettre T, selon que le passage appartient à l'une ou l'autre catégorie.

Une question plus délicate pour ce genre de publications est celle de l'ordre des fragments[2]. L'attribution de chacun d'eux à un ouvrage déterminé est aisée lorsqu'un titre est explicitement mentionné ; quand ce n'est pas le cas, les indications « philosophie morale » ou « philosophie naturelle », voire la simple prise en compte du contenu, orientent les éditeurs vers tel ou tel ouvrage, mais avec une part d'arbitraire inévitable. Reste enfin à établir un ordre de succession pour ces titres connus ou supposés. Vottero a choisi de suivre les indications de Quintilien dans son jugement d'ensemble sur Sénèque. Ce texte, reproduit en tête des fragments, distingue : Discours, Œuvres poétiques, Lettres, « Dialogues » (soit tous les

1. À l'exception des deux derniers. Avec le texte initial de Quintilien, l'édition contient ainsi 102 numéros.

2. Par commodité néanmoins, le terme de *fragment* est utilisé dans la suite, comme c'est le cas ordinairement, pour désigner indifféremment les deux catégories de textes quand la distinction n'est pas pertinente.

ouvrages philosophiques[1]). En conséquence, les fragments sont répartis en 17 sections selon l'ordre suivant[2] :

– les trois premières sont consacrées aux Discours (12 frag.), aux Œuvres poétique (3 frag.) et aux Lettres (2 frag.) ;

– suivent 11 sections réservées aux œuvres « philosophiques » (78 frag.) ;

– les trois dernières (6 frag.) forment une sorte d'appendice pour faire une place aux fragments qui échappent à la classification de Quintilien.

Cette répartition fait immédiatement apparaître l'inégale importance des sections pour ce qui est du nombre de fragments. À quoi il faut ajouter les différences considérables de longueur entre les fragments, qui vont d'une ligne à des textes de plusieurs pages. C'est le lot de toutes les collections de « fragments et témoignages », mais l'on sait que l'intérêt d'un passage ne se mesure pas à son étendue : un mot, le contexte d'où il est tiré, l'auteur qui le cite apportent souvent des informations significatives. D'où l'importance du commentaire qui accompagne ce genre de publication.

La présente traduction ayant pour seule ambition d'attirer l'attention du lecteur français sur cette part méconnue de l'œuvre de Sénèque et de mettre à sa disposition des textes plus difficiles d'accès, commentaire et explications ont été réduits à ce qui est indispensable à l'intelligence des fragments. Comme annoncé, c'est l'édition de Dionigi Vottero qu'on a suivie pour ce travail. On retrouvera donc son choix des fragments,

1. Sur le sens de « Dialogue », voir la note à la liste des œuvres de Sénèque.

2. Numérotées de I à XVIII, en raison de la présence initiale du texte de Quintilien.

leur organisation et leur numérotation. Inutile de préciser enfin que l'Introduction et le Commentaire du même ont été largement mis à contribution.

Les Œuvres conservées de Sénèque

Les Consolations (à Marcia ; à Polybe ; à Helvia)
La Providence
La Constance du sage
La Tranquillité de l'âme
L'Oisiveté
La Vie heureuse
La Brièveté de la vie
La Colère[1]
La Clémence
Les Bienfaits
Lettres à Lucilius
Les Questions naturelles
L'Apocoloquintose (ou : Jeu sur la mort de Claude)
Tragédies : *Hercule furieux ; Les Troyennes ; Les Phéniciennes ; Médée ; Phèdre ; Œdipe ; Agamemnon ; Thyeste ; Hercule sur l'Œta.*
[Épigrammes]

1. Ces huit titres sont regroupés sous le nom de *Dialogues*. Ce terme ne renvoie pas au modèle platonicien d'un échange entre deux ou plusieurs interlocuteurs, mais simplement des écrits relativement courts à contenu philosophique.

Note du traducteur : Le numéro des fragments est précédé des lettres F ou T selon qu'il s'agit de fragments ou de témoignages. Les indications entre parenthèses qui suivent doivent permettre au lecteur de mesurer immédiatement l'étendue de chaque section.

SÉNÈQUE

FRAGMENTS ET TÉMOIGNAGES

I. LE TÉMOIGNAGE DE QUINTILIEN

Le jugement de Quintilien (v. 30-v. 96) sur Sénèque peut paraître sévère, mais comparé à celui d'Aulu-Gelle[1]*, par exemple, il est manifestement plus nuancé. Quintilien reconnaît de belles qualités à notre auteur, et dénonce plutôt les dangers qui guettent les imitateurs maladroits. – Ce long texte ne figure ici que pour des raisons de méthode, comme il est expliqué dans l'Introduction, p. 9.*

T 1 – Quintilien, *Institution oratoire*, X, 1, 125-131

(125) Dans cette revue des différents genres d'éloquence, j'ai à dessein rejeté Sénèque à la fin parce qu'on a cru communément, mais à tort, que je le condamnais, que même je le haïssais ; cette opinion s'est répandue sur mon compte quand on a vu que je m'efforce de ramener à un goût plus sévère un genre d'éloquence corrompu et abîmé par toutes sortes de défauts ; par ailleurs, Sénèque était en ce temps presque le seul auteur que les jeunes gens avaient entre les mains. (126) À la vérité, je ne cherchais pas à l'exclure tout à fait, mais je ne souffrais pas qu'on le préférât à d'autres qui valent mieux et qu'il n'arrêtait

1. Aulu-Gelle (IIe s.), *Nuits attiques*, XII, 2.

pas d'attaquer parce que, conscient du fait que sa manière était différente, il n'espérait guère que son style pût plaire à ceux qui appréciaient le leur. Cependant ses lecteurs l'aimaient plus qu'ils ne l'imitaient, et ils s'éloignaient autant de lui qu'il s'était lui-même écarté des anciens. (127) On aurait souhaité, en effet, qu'ils lui eussent été égaux, ou du moins qu'ils l'eussent suivi de près. Mais ils l'aimaient uniquement pour ses défauts, et chacun s'appliquait à reproduire ceux qu'il pouvait ; par suite, quand on se vantait de s'exprimer comme Sénèque, on gâtait sa réputation.

(128) Il avait du reste de belles qualités, et en grand nombre : un talent aisé et fécond, beaucoup d'étude, une vaste érudition, dans laquelle néanmoins il fut parfois induit en erreur par ceux qu'il chargeait de faire ses recherches. Il faut dire aussi qu'il abordait presque tous les domaines d'étude. (129) Car nous avons de lui des discours, des poèmes, des lettres, des dialogues. En philosophie il est peu exact mais s'est montré un excellent censeur des vices. On trouve chez lui beaucoup de pensées brillantes, et beaucoup de pages méritent d'être lues pour leur valeur morale ; mais la plupart sont rédigées dans un style corrompu, et sont d'autant plus dangereuses qu'elles abondent en défauts séduisants. (130) On voudrait qu'il se fût exprimé avec son talent mais avec le goût d'un autre : car s'il avait dédaigné certains faux ornements et renoncé aux expressions peu adaptées, s'il n'avait pas aimé tout ce qu'il produisait ni fragmenté le fort de ses pensées en phrases exagérément brèves, il aurait recueilli l'approbation unanime des savants plutôt que l'engouement de la jeunesse. (131) Tel qu'il est, néanmoins, il mérite d'être lu de lecteurs déjà mûrs et suffisamment affermis dans leur goût par des ouvrages d'un style plus sévère,

ne serait-ce que parce qu'alors le jugement peut faire la part des qualités et des défauts. Car, je l'ai dit, il y a en lui beaucoup de choses qu'on peut approuver, beaucoup même qui méritent notre admiration pour peu qu'on prenne soin de faire un choix ; si seulement il l'avait fait lui-même ! Car cette belle nature était digne de vouloir faire mieux ; ce qu'il a voulu, il l'a fait.

II. Discours (T 2-T 13)

D'après le principe de numérotation adopté par l'éditeur (voir Introduction, ci-dessus p. 9), il apparaît que cette section ne contient que des « témoignages », y compris quand Tacite cite Sénèque au discours direct (T 13) ; sur ce dernier point, il est en effet admis que les discours rapportés par les historiens anciens ont été réécrits par eux, même si la teneur et le mouvement général de l'original sont respectés. – Les discours dont il est question ici sont de deux sortes : ceux écrits pour Néron et ceux écrits pour lui-même. Pour les circonstances dans lesquelles ces discours furent prononcés, ainsi que le contexte plus large de l'activité de Sénèque dans les périodes en question, les développements seraient interminables, et il est plus sage de renvoyer aux Annales *de Tacite (XIII, 3-14 ; XIV, 10 et 52-54).*

T 2 – Suétone, *Vie de Caligula*, 53, 2

Avant de prononcer un discours, Caligula déclarait sur un ton menaçant « qu'il allait brandir le trait de ses veilles » ; il méprisait à ce point le style trop soigné et trop orné qu'il disait de Sénèque, l'auteur alors le plus en vogue, qu'il composait de purs morceaux d'apparat, « édifices de sable sans chaux. »

T 3 – Quintilien, *Institution oratoire*, XII, 10, 11

Et chez les orateurs que nous avons personnellement connus, nous relèverons l'abondance de Sénèque, l'énergie d'Africanus, la maturité d'Afer, l'agrément de Crispus, la voix de Trachalus, l'élégance de Sécundus[1].

T 4 a – Tacite, *Annales*, XIV, 52, 1-3

La mort de Burrus[2] brisa la puissance de Sénèque parce que, d'une part, les bons principes avaient perdu de leur force, vu que l'un des deux personnages qu'on pouvait regarder comme leurs chefs avait disparu et que, d'autre part, Néron penchait pour les méchants. (2) Ces derniers s'attaquent à Sénèque en produisant diverses accusations : il voulait encore augmenter ses richesses, déjà immenses et dépassant la mesure d'une condition privée ; il voulait orienter vers sa personne l'affection des citoyens ; par l'agrément de ses jardins et la magnificence de ses maisons de campagne, il paraissait même vouloir surpasser l'empereur. (3) Ils lui reprochaient encore de s'attribuer à lui seul la gloire de l'éloquence et d'écrire plus fréquemment des poèmes depuis que Néron s'était pris de passion pour eux.

T 4 b – Suétone, *Vie de Néron*, 52

Dès l'enfance, Néron toucha à toutes les études libérales ou presque. Mais il fut détourné de la philosophie par sa mère, qui lui fit observer qu'elle était mauvaise pour

1. Africanus est un orateur du temps de Néron. Afer a été le maître de Quintilien. Crispus vécut au temps de Néron et de ses successeurs immédiats, peut-être ami de Sénèque. Trachalus, collaborateur d'Othon, semble avoir écrit les discours de ce dernier. Sécundus est un auteur de tragédies, ami de Quintilien et de Séjan.

2. Préfet du prétoire, chargé de l'éducation de Néron en même temps que Sénèque.

un futur empereur ; et de l'étude des anciens orateurs par son maître Sénèque, qui désirait le retenir plus longtemps dans l'admiration qu'il éprouvait pour lui.

T 4 c – Tacite, *Annales*, XIII, 42,

Suillius[1] accusait Sénèque, accoutumé qu'il était aux études paisibles de l'école et à l'inexpérience de la jeunesse, d'être jaloux de ceux qui pratiquaient une éloquence vivante et saine en défendant les citoyens.

T 4 d – Tacite, *Annales*, XIII, 14, 3

Agrippine disait qu'elle irait avec Britannicus dans le camp <des prétoriens> ; on entendrait alors, d'un côté, la fille de Germanicus et, de l'autre, l'estropié Burrus et l'exilé Sénèque réclamer l'empire du genre humain, l'un avec son bras mutilé et l'autre avec son langage de professeur.

T 5 – Sénèque, *Lettres*, 49, 2

Il me semble que c'est hier que je t'ai perdu. Et qu'est-ce qui n'est pas d'hier si on rappelle ses souvenirs ? Hier j'étais un enfant assis à l'école du philosophe Sotion[2], hier j'ai commencé à plaider, hier j'ai cessé de vouloir plaider, hier j'ai cessé de le pouvoir.

T 6 – Dion Cassius, *Histoire romaine*, LIX, 19, 7-8

Lucius Anneus Sénèque, qui surpassait en sagesse tous les Romains de son temps et beaucoup d'autres encore, échappa de peu à la mort alors qu'il n'avait commis aucun crime et n'était pas même soupçonné de l'avoir fait, mais parce qu'il avait prononcé un beau plaidoyer au Sénat en présence de l'empereur <Caligula>. (8) Ce dernier l'avait

1. Personnage de moralité douteuse, célèbre pour ses délations (Tacite, *Annales*, IV, 31 ; XI, 5 ; XIII, 42).

2. Sotion d'Alexandrie, un des maîtres de Sénèque. Voir *Dictionnaire des philosophes antiques*, VI, 2016, p. 518.

condamné à mort, mais il renonça à sa décision en se fiant à l'une de ses maîtresses, qui lui dit que Sénèque souffrait de consomption, et qu'il mourrait bientôt.

T 7 – Dion Cassius, *Histoire romaine*, LXI, 3, 1

Néron avait dix-sept ans quand il accéda à l'empire ; il partit pour le camp des prétoriens, et après avoir lu un discours écrit par Sénèque, il promit de leur donner tout ce que Claude leur avait donné.

T 8 – Tacite, *Annales*, XIII, 3, 1-2

Le jour des obsèques de Claude, Néron prononça l'éloge funèbre. Tant qu'il vantait l'ancienneté de sa race, les consulats et les triomphes obtenus par ses ancêtres, il fut sérieux ainsi que l'auditoire. De même quand il rappela sa connaissance des belles-lettres et le fait que sous son règne la république n'avait subi aucun revers de la part d'ennemis extérieurs, on l'écouta avec bienveillance. Lorsqu'il en vint à parler de sa prévoyance et de sa sagesse, personne ne put s'empêcher de rire ; pourtant le discours composé par Sénèque portait la marque d'une élaboration soignée, car ce dernier possédait un talent agréable et assorti au goût de ses contemporains. (2) Les gens âgés, qui passent le temps à comparer le passé et le présent, remarquaient que, parmi ceux qui avaient accédé au pouvoir suprême, Néron était le premier à avoir besoin de recourir au talent oratoire d'autrui.

T 9 – Dion Cassius, *Histoire romaine*, LXI, 3, 1

Néron prononça encore devant le Sénat un discours semblable[1], composé lui aussi par Sénèque. Le discours fut par la suite gravé sur une stèle d'argent, et un décret

1. Semblable à celui qu'au début de son règne Néron était allé lire aux prétoriens dans leur camp.

stipula qu'on devait lire ce texte chaque fois qu'un nouveau consul entrait en fonction. Il en résulta que les sénateurs s'attendaient à être bien gouvernés, comme s'ils bénéficiaient ainsi d'un engagement écrit.

T 10 – Tacite, *Annales*, XIII, 11, 2

Cet épisode[1] fut suivi d'un acte d'indulgence envers Plautius Latéranus, chassé du Sénat pour cause d'adultère avec Messaline; Néron le rétablit dans son ordre, tout en s'engageant à faire preuve de clémence dans de fréquents discours que Sénèque, pour montrer l'honnêteté de son enseignement ou pour faire étalage de son talent, publiait par la voix du prince.

T 11 a – Tacite, *Annales*, XIV, 10, 3 - 11, 3

Néron se retira à Naples[2] et écrivit au Sénat une lettre, qui disait en substance qu'on avait trouvé, muni d'un poignard et prêt à tuer, Agérinus, un des affranchis proches d'Agrippine, et qu'elle s'était punie elle-même en se sentant coupable, comme si elle avait ordonné le crime. (11, 1) À cela il ajoutait des accusations plus anciennes : elle avait espéré qu'elle serait associée à l'Empire, que les cohortes prétoriennes jureraient obéissance à une femme, et que le Sénat et le peuple se verraient infliger le même déshonneur; après que ses espoirs furent déçus, irritée contre les soldats, le Sénat et le peuple, elle l'avait dissuadé de faire des largesses aux soldats et au peuple, et avait

1. Après un trait de modestie du jeune Néron, les Sénateurs font son éloge, pour l'encourager à faire d'autres bonnes actions. Plautius Lateranus, proche des Stoïciens, participa à la conjuration de Pison et fut exécuté après l'échec de cette dernière. Voir *Dictionnaire des philosophes antiques*, IV, 2005, p. 83. Épictète évoque sa mort avec admiration (*Entretiens*, I, 1, 19-20).

2. Après le meurtre d'Agrippine.

machiné des dangers à des citoyens illustres. Comme il avait dû s'employer pour l'empêcher de faire irruption dans la curie, de donner des réponses officielles aux envoyés des nations étrangères ! (2) Puis, par une attaque indirecte contre Claude, il rejetait sur sa mère tous les crimes de ce règne, et attribuait sa mort à la fortune qui protégeait l'État – car il parlait aussi du naufrage. Mais pourrait-on trouver quelqu'un d'assez stupide pour croire que c'était un événement fortuit ? ou qu'une femme échappée d'un naufrage eût envoyé un homme seul avec une arme forcer les cohortes et les flottes de l'empereur ? (3) Aussi n'était-ce plus Néron que visaient les rumeurs hostiles, sa barbarie étant au-dessus de toutes les plaintes, mais Sénèque, qui avait fait l'aveu du crime en rédigeant un tel discours.

T 11 b – Dion Cassius, *Histoire romaine*, LXI, 14, 3-4

Néron adressa un message au Sénat, dans lequel il énumérait toutes les choses dont elle était complice, ajoutant notamment qu'elle avait attenté à sa vie et que, découverte, elle s'était suicidée. (4) Il envoya donc un message en ce sens à l'assemblée.

T 12 – Quintilien, *Institution oratoire*, VIII, 5, 18

Quelquefois la réussite d'une sentence tient uniquement au redoublement ; c'est le cas de celle que Sénèque a placée dans l'écrit que Néron a envoyé au Sénat après le meurtre de sa mère, quand il voulait qu'on crût qu'il avait couru de grands dangers : « Je suis sauf, mais je ne puis encore ni le croire ni m'en réjouir. »

T 13 – Tacite, *Annales*, XIV, 53-54

Sénèque, averti par des hommes qui avaient encore quelque souci de l'honneur des accusations portées contre lui, et constatant que César repoussait de plus en plus son intimité, lui demande un entretien ; l'ayant obtenu, il commence ainsi : (2) « Il y a quatorze ans, César, que j'ai été placé auprès de toi pour favoriser les espérances que tu faisais naître, et il y a huit ans que tu es empereur. Durant ce temps, tu as accumulé sur moi tant d'honneurs et de richesses qu'il ne manque rien à mon bonheur que la mesure. (3) Je citerai de grands exemples, empruntés non à mon rang mais au tien. Ton trisaïeul Auguste permit à Marcus Agrippa de se retirer à Mytilène et à Gaius Mécène[1] de se soustraire aux affaires, dans la Ville même, comme s'il était à l'étranger : l'un compagnon de ses guerres, l'autre éprouvé à Rome par de nombreux travaux, ils avaient reçu des récompenses magnifiques mais en rapport avec leurs immenses mérites. (4) Moi, que pouvais-je apporter à ta munificence, sinon des études cultivées dans l'ombre, pour ainsi dire, et qui n'ont reçu de l'éclat que parce que j'apparaissais comme celui qui t'assistait dans les premiers essais de ta jeunesse – ce qui constitue déjà une belle récompense de mon activité ? (5) Mais toi tu m'as entouré de faveurs immenses, de richesses innombrables, au point que souvent je me dis en moi-même : moi, né chevalier et simple provincial, je suis compté parmi les premiers personnages de la cité ? Au milieu de nobles et de gens qui peuvent s'enorgueillir d'une longue série d'actions d'éclat, mon état d'homme nouveau a brillé ? Où est cette âme contente de peu ? Est-ce elle qui bâtit de tels jardins, se promène dans ces propriétés suburbaines, possède en abondance de si vastes étendues de terre, des capitaux aux revenus si considérables ?

1. Agrippa était un ami intime et un important collaborateur d'Octave, puis du même devenu Auguste. Mécène, lui aussi un des principaux amis et collaborateurs d'Auguste, est célèbre surtout pour la protection qu'il accordait aux écrivains.

Je ne vois qu'une excuse : il était de mon devoir de ne pas repousser tes faveurs. (54, 1) Mais nous avons l'un et l'autre comblé la mesure : toi, de tout ce qu'un prince peut accorder à un ami ; moi, de tout ce qu'un ami peut accepter de son prince. Aller au-delà fait croître l'envie. Comme toutes les choses humaines, l'envie gît bien en dessous de ta grandeur ; mais elle pèse sur moi, c'est moi qu'il faut secourir. (2) Si j'étais épuisé par une campagne militaire ou par un voyage, je demanderais un appui ; de même en ce chemin de la vie, vieux et incapable de faire face même aux tâches les plus légères, comme je ne peux plus porter le poids de mes richesses, je demande de l'aide. Ordonne qu'elles soient administrées par tes intendants et comprises dans ta fortune. (3) Je ne me réduirai pas pour autant à la pauvreté, mais délesté de biens dont l'éclat m'éblouit, je rendrai à mon esprit le temps que je réserve aux soins de mes jardins et de mes maisons de campagne. Tu as la force en abondance, ainsi que l'art du gouvernement suprême qu'on t'a vu exercer durant tant d'années : nous pouvons, nous tes vieux amis, réclamer le repos. Cela encore tournera à ta gloire : avoir élevé aux sommets des hommes qui supporteraient aussi bien une condition modeste. »

III. Poésie (T 14-F 16)

*Les neuf tragédies de Sénèque montrent que notre philosophe était aussi un poète de talent. On trouve d'autres échantillons de ce talent dans l'*Apocoloquintose*, ainsi que dans deux* Lettres à Lucilius : *cinq vers traduits de Cléanthe en 107, 11 ; douze vers traduits de tragiques grecs, dont une adaptation d'un passage de la* Danaé *(perdue) d'Euripide en 115, 14. Quand Quintilien (T 1) et*

Tacite (T 4a) parlent de poemata *ou de* carmina, *ils visent sans doute l'ensemble des écrite en vers, y compris les œuvres perdues auxquelles font allusion les fragments T14 - F16. Ce que sont ces dernières est plus difficile à cerner. Des petits vers « peu sérieux » évoqués par Pline il ne reste rien, sauf à admettre qu'il s'agit notamment des poèmes conservés sous le nom d'*Épigrammes ; *mais comme la majorité des critiques juge ces pièces inauthentiques, l'éditeur de nos fragments les a exclues de sa collecte. Etant donné néanmoins que ces œuvres sont peu accessibles, et non dépourvues de qualités indépendamment de toute question d'authenticité, on a jugé utile d'en proposer une traduction en forme de Supplément au présent volume.*

T 14 – Pline le Jeune, *Lettres*, V, 3, 2 et 5

Je compose parfois de petits vers peu sérieux... (5) Dois-je craindre qu'il soit peu digne de moi de faire ce qui a été digne de Marcus Tullius[1]..., d'Anneus Sénèque et, tout près de nous, de Verginius Rufus[2] ? Et si les exemples de simples particuliers ne suffisent pas, ce qui a été digne du divin Jules, du divin Auguste, du divin Nerva, de Tibère César ?

T 15 = T 4 a

F 16 – Priscien, *Institutions grammaticales*, VII, 55-56

Chez les écrivains les plus anciens, on trouve le masculin *gausapes*, le féminin *gausapa*, le neutre *gausape*, et un pluriel neutre *gausapa* qui suppose un nominatif

1. Cicéron.

2. Important général du premier siècle, qui s'intéressait aux lettres et a peut-être laissé quelques écrits. Pline le Jeune évoque longuement ses funérailles (*Lettres*, II, 1).

singulier neutre *gausapum*… (56) … Sénèque, reprenant Ovide, écrit :

> Si elle a endossé un manteau grossier, approuve le manteau grossier qu'elle a endossé[1].

IV. Lettres (T 17-T 18)

Sénèque a très vraisemblablement écrit d'autres lettres que les 124 adressées à Lucilius *qui ont été conservées. Selon Martial, il aurait aussi écrit fréquemment à Césonius Maximus, un ami très cher selon Sénèque lui-même (*A Lucilius*, 87, 2) et selon le même Martial (VII, 44) ; mais il n'en reste rien. Le « livre » (βιβλίον) mentionné par Dion Cassius (T18) appartient très certainement au genre de la lettre, mais cette fois c'est l'auteur lui-même qui l'a détruite.*

T 17 – Martial, *Épigrammes*, VII, 45, 1-4

Le voilà, ce fameux Maximus, ce puissant ami de l'éloquent Sénèque, qui l'aimait à l'égal du cher Sérénus[2], voire davantage, et à qui Sénèque adresse souvent ses salutations en portant sur la page la « lettre heureuse[3] ».

T 18 – Dion Cassius, *Histoire romaine*, LXI, 10, 2

Sénèque fut accusé d'agir toujours en contradiction avec les principes philosophiques qu'il professait. Il condamnait la tyrannie et a été le précepteur d'un tyran ; il attaquait ceux qui fréquentent les hommes de pouvoir

1. Ovide, *Art d'aimer*, II, 300. Il s'agit d'un manteau de laine plutôt grossier, peu élégant.
2. Ami de Sénèque, qui lui a dédié plusieurs Dialogues (*De la constance du sage*, *De la Tranquillité*, peut-être *Du loisir*).
3. Littéralement : « que la lettre heureuse salue fréquemment sur la page. » Cette lettre est probablement le *S*, mis pour *Salutem (dat)*.

et ne quittait pas le palais ; il disait du mal des flatteurs et lui-même adulait à ce point Messaline et les affranchis de Claude que, de l'île <où il était relégué[1]>, il leur adressa une lettre remplie de louanges à leur endroit ; mais pris de honte, il la détruisit après coup.

V. ET VI. GÉOGRAPHIE (T 19-T 21)

Comme le rappelle Vottero, les auteurs grecs et latins de l'Antiquité manifestaient un intérêt certain pour l'Égypte et sa riche civilisation, et ils lui ont consacré de nombreux écrits. Sénèque y a séjourné dans sa jeunesse pour raisons de santé, de l'an 19 à l'an 31 environ, hébergé chez une tante. Qu'il s'y soit à son tour intéressé de près s'explique aisément, mais on ignore si ses recherches en la matière se sont poursuivies plus tard. Le texte de Servius confirme qu'il s'est informé sur le pays et ses cultes, mais ce témoignage unique ne permet pas d'en savoir davantage sur la nature exacte et l'ampleur de ses recherches ni sur la forme de son écrit.

*Dans les œuvres conservées, Sénèque mentionne l'Inde à plusieurs reprises (*Questions naturelles*, I, Préface, 13 ; V, 18, 10 ;* Lettres à Lucilius*, 59, 12 ; 113, 29 ; 119, 7). Mais il en parle comme d'une région parmi les plus reculées, à peine connue, et seulement par ouï-dire. Plus tard, Suétone parle des Indiens comme de peuples qui ne sont connus que de nom à l'époque d'Auguste (*Vie d'Auguste*, 21, 3). Lorsqu'à leur sujet il est question de « barbares » (ci-après F52 ;* Consolation à Helvia*, 7, 1), on peut comprendre qu'en l'occurrence le terme ne signifie pas seulement*

1. Sénèque fut exilé par Claude en Corse en raison de sa liaison avec une nièce de Claude ; il y resta 8 ans.

« étranger ». À la différence de ce qui concerne l'Égypte, Sénèque n'a pu acquérir de connaissances sur l'Inde qu'à travers les écrits de ses prédécesseurs. Il doit néanmoins les avoir étudiés sérieusement pour être en mesure d'en faire un traité et de servir de source à Pline.

T 19 – Servius, *Commentaire sur l'« Énéide » de Virgile*, VI, 154

Sénèque a écrit un ouvrage sur le pays et les cultes des Égyptiens. Selon lui, aux environs de Syène, en Haute Égypte, il existe une localité appelée Philae (c'est-à-dire « Amies » en grec) parce qu'à cet endroit les Égyptiens obtinrent la bienveillance d'Isis ; celle-ci était en colère contre eux parce qu'elle ne retrouvait pas les membres de son époux Osiris tué par son frère Typhon. L'ayant trouvé, elle voulut ensuite l'ensevelir, et elle choisit pour cela un endroit parfaitement sûr dans le marais proche, terrain notoirement difficile à traverser car bourbeux et couvert de papyrus. Un peu plus loin se trouve une petite île, inaccessible aux humains et pour cette raison nommée Abatos[1]... Ce marais a reçu le nom de Styx[2] parce qu'il fait naître la tristesse chez ceux qui le traversent. En réalité, ceux qui sont voués au culte le traversent certains jours déterminés pour se rendre dans l'île. On lit encore dans cet écrit que les populations voisines transportent les cadavres des leurs dans un autre lieu ; mais s'il arrive que quelqu'un périsse dans le fleuve et que son cadavre ne soit pas retrouvé, on lui rend les derniers devoirs au bout de cent ans.

1. En grec : où l'on ne peut marcher.
2. En grec : froid glacial qui donne le frisson, objet horrible.

T 20 a – Pline l'Ancien, *Histoire naturelle*, I, Index du livre VI

Contenu du livre VI : situation géographique, populations, mers, cités, ports, montagnes, cours d'eau, dimensions, habitants actuels ou passés… Habitants de l'Inde. Le Gange. L'Indus… – Source : Sénèque…

T 20 b – Pline l'Ancien, *Histoire naturelle*, VI, 60

Notre Sénèque a lui aussi entrepris un traité sur l'Inde. Selon lui, il existe là-bas soixante fleuves et cent dix-huit peuples. Il serait tout aussi fastidieux d'énumérer en détail les montagnes. L'Imavus, l'Hémodus, le Paropanisus, qui sont des parties du Caucase, forment une chaîne continue, à partir de laquelle l'Inde s'étend en une immense plaine semblable à l'Egypte.

T 21 – Servius, *Commentaire sur l'« Énéide » de Virgile*, IX, 30

Le Gange est un fleuve de l'Inde ; selon Sénèque, dans son traité sur la géographie de l'Inde, son cours se partage en neuf bras ; selon Mélon[1], ils sont au nombre de sept, mais ce dernier indique lui-même que quelques auteurs affirment qu'il y en a trois.

VII. Du mariage (T 22-F 54)

Les morceaux réunis sous ce titre (d'ailleurs conjectural, fondé notamment sur le texte T 22) se signalent par une double particularité : ils sont les plus nombreux dans notre collection de fragments, et ils sont tous issus d'une même source, le Contre Jovinien *de*

1. Sans doute Pomponius Méla, auteur d'une *Chorographie* (sorte de géographie régionale) vers l'an 44.

saint Jérôme. Ce dernier s'est fixé pour tâche de réfuter plusieurs thèses de Jovinien, dont la première concerne les femmes. Jérôme consacre tout son livre I à ce point, et son argumentation s'appuie à la fois sur ce qu'il considère comme la doctrine chrétienne orthodoxe et sur un certain nombre d'auteurs païens, dont Sénèque, pour mieux confondre un adversaire qui les avait utilisés pour son compte. – Pour ce qui regarde Sénèque, le problème est moins la légitimité de l'attribution de certains fragments à notre auteur que l'ordre dans lequel il convient de disposer l'ensemble. Jérôme utilise les textes en fonction de son argumentation, mais ne nous dit rien de la manière dont sa source les exposait[1]*. La reconstruction proposée par les érudits reste donc conjecturale, tout comme la date attribuée à ce traité : soit aux environs de l'an 40.*

T 22 – Jérôme, *Contre Jovinien*, I, 49

Aristote, Plutarque et notre Sénèque ont écrit des livres sur le mariage, dans lesquels on trouve aussi bien quelques-unes des considérations exposées ci-dessus que celles que nous exposons ci-après.

F 23 – Jérôme, *Contre Jovinien*, I, 48

Épicure, le défenseur du plaisir, bien que son disciple Métrodore eût épousé Léontion, affirme que le sage ne doit que rarement contracter mariage, parce que les noces s'accompagnent de beaucoup d'inconvénients. Il en va comme pour les richesses, les honneurs, la santé du corps et toutes les autres choses que nous appelons indifférentes,

1. Le rapprochement avec l'usage que fait Cyrille d'Alexandrie du *Contre les Galiléens* de Julien serait trompeur : Cyrille vise directement Julien, et donne des informations sur les textes qu'il cite et sur la structure du traité de son adversaire (voir Julien l'Empereur, *Contre les Galiléens*, Paris, Vrin, 2018, p. 28-33).

qui ne sont ni bonnes ni mauvaises mais qui, placées en quelque sorte dans une zone intermédiaire, deviennent bonnes ou mauvaises selon l'usage qu'on en fait et des conséquences qui les suivent ; ainsi en est-il des épouses, qui sont sur la frontière entre les biens et les maux. Or pour le sage c'est une situation pénible d'en venir à se demander si la femme qu'il doit épouser est mauvaise ou bonne.

F 24 – Jérôme, *Contre Jovinien*, I, 48

Chrysippe est ridicule quand il enseigne que le sage doit prendre femme pour éviter d'outrager Jupiter Gamélien et Généthliaque[1]. Car en vertu du même raisonnement les Latins ne devront pas se marier parce qu'ils ne connaissent pas de Jupiter Nuptial. Et si les noms des dieux, comme il le pense, préjugent de la vie des hommes, celui qui s'assied offense Jupiter Stator[2].

F 25 – Jérôme, *Contre Jovinien*, I, 49

L'amour de la beauté est oubli de la raison et frôle la folie, une chose honteuse qui ne convient absolument pas à une âme qui a échappé aux vices. Il perturbe les décisions, brise les sentiments élevés et généreux, rabaisse les pensées nobles au plus bas, produit des

1. Surnoms occasionnels de Zeus-Jupiter, signifiant « Qui préside au mariage » et « Protecteur de la famille ». Les religions grecques et romaines associent volontiers au nom propre d'une divinité un surnom exprimant une des qualités ou puissances qu'on lui reconnaît et qu'on souhaite invoquer. – Les Stoïciens aimaient à donner un sens rationnel aux noms des divinités ainsi qu'aux pratiques religieuses, en proposant des explications compatibles avec leur philosophie ; voir note suivante.

2. Qu'on peut comprendre comme « Qui se tient debout ». Sénèque propose ailleurs d'expliquer « Jupiter Stator » comme « Qui maintient l'univers en l'état », et non comme selon la tradition romaine « Qui arrête les armées en fuite » (*Des bienfaits*, IV, 7, 1). Ici Sénèque joue sur l'opposition traditionnelle *sto/sedeo* (se tenir debout/être assis).

hommes maussades, irritables, téméraires, tyranniques, obséquieux, bons à rien, et en fin de compte il est inutile à l'amour lui-même. Car il brûle insatiablement du désir d'arriver à ses fins, il gaspille beaucoup de temps en soupçons, larmes et lamentations, il suscite la haine contre lui et finalement se change lui-même en haine. Ce qu'est un amour excessif à la poursuite de son objet, on le lit chez Platon[1], et Lysias y développe tous les inconvénients qui lui sont attachés, parce que cet amour est guidé non par le jugement mais par une passion furieuse ; et c'est en veillant avant tout, avec la plus grande sévérité, à la beauté des épouses qu'il partage leur couche.

F 26 – Jérôme, *Contre Jovinien*, I, 49

Sénèque rapporte en outre qu'il a connu un homme distingué qui, lorsqu'il devait sortir en public, s'attachait autour de la poitrine le soutien-gorge de son épouse et ne pouvait se passer, ne fût-ce qu'un instant, de sa présence ; mari et femme ne prenaient aucune boisson sans toucher l'un et l'autre la coupe de leurs lèvres, se livrant encore à d'autres comportements non moins déplacés qui laissaient éclater la violence aveugle d'une ardente passion. L'origine de l'amour était sans doute honnête, mais son intensité était monstrueuse. La cause de la folie d'un homme a beau être aussi honnête qu'on voudra, cela ne fait aucune différence.

F 27 – Jérôme, *Contre Jovinien*, I, 49

Il est vrai que l'amour pour l'épouse d'autrui est toujours déshonorant ; l'amour pour sa propre épouse est excessif. Le sage doit aimer son épouse par jugement, non par passion ; il contrôle l'élan du plaisir et ne se jette

1. Platon, *Phèdre* ; pour les thèses attribuées par Platon à Lysias, voir 230e *sq.*

pas dans l'accouplement avec emportement. Rien de plus honteux que d'aimer son épouse comme si on avait affaire à une femme adultère.

F 28 – Jérôme, *Contre Jovinien*, I, 49

Pour certains, le mariage fut intimement lié à l'adultère et – comble de perversité ! – ceux qui enseignaient la pudeur aux femmes étaient les mêmes que ceux qui la leur avaient ravie. C'est pourquoi la satiété a tôt fait de rompre cette sorte de mariages. Dès que la crainte qui pimente le désir a disparu, ce qui est devenu licite a perdu son attrait.

F 29 – Jérôme, *Contre Jovinien*, I, 49

Que dirai-je, ajoute Sénèque, des hommes pauvres dont beaucoup sont poussés au mariage pour bénéficier du nom d'époux et échapper aux lois contre le célibat ? Comment celui qui s'est marié dans ces conditions peut-il discipliner les mœurs, enseigner la chasteté et avoir l'autorité d'un mari ?

F 30 – Jérôme, *Contre Jovinien*, I, 48

Après que Cicéron eut divorcé de Térentia, Hirtius[1] lui demanda d'épouser sa sœur ; Cicéron écarta totalement cette hypothèse en disant qu'il ne pouvait pas se consacrer en même temps à une épouse et à la philosophie. Entre temps cette excellente épouse, qui avait puisé la sagesse à la fontaine de Tullius[2], se maria avec son ennemi Salluste, et en troisièmes noces avec Messala Corvinus[3] ; ce faisant, elle a pour ainsi dire descendu les degrés sur l'échelle de l'éloquence.

1. Ami de César et de Cicéron.
2. Cicéron (Marcus Tullius Cicéron).
3. Orateur, ami d'Auguste ; il a été général, et aussi poète, historien, grammairien, mais rien ne subsiste de ses œuvres.

F 31 – Jérôme, *Contre Jovinien*, I, 48

Un jour que Socrate faisait front face à Xanthippe, qui déversait sur lui un flot d'invectives et l'inondait d'eau sale, il se contenta, après s'être lavé la tête, de lui répondre : « Je savais qu'après ce tonnerre viendrait la pluie »[1].

F 32 – Jérôme, *Contre Jovinien*, I, 48

Métella, l'épouse de Lucius Sylla (surnommé à juste titre Félix[2] – s'il n'avait pas été marié) était ouvertement dévergondée ; et parce que nous sommes les derniers à apprendre nos malheurs, la chose était à Athènes[3] mise en chansons sans que Sylla en eût connaissance : les secrets de sa maison ne lui furent révélés que par les railleries de ses ennemis.

F 33 – Jérôme, *Contre Jovinien*, I, 48

Cnaeus Pompée[4] était marié à une femme débauchée, que les eunuques du Pont et les troupes de Mithridate cherchaient à séduire ; tous pensaient qu'il était au courant et supportait la situation. Au cours d'une expédition, un compagnon d'armes de Pompée l'en informa, et par cette amère nouvelle il abattit celui qui avait vaincu le monde entier.

F 34 – Jérôme, *Contre Jovinien*, I, 48

Marcus Caton le Censeur[5] avait pour épouse Astoria Paula, une femme d'humble condition, violente, emportée

1. *Cf.* Épictète, *Entretiens*, IV, 5, 33 et Diogène Laërce, II, 36.

2. « Heureux » en latin. *Felix* était en effet le surnom du dictateur Sylla (138-78).

3. Où il résidait temporairement.

4. Le « Grand » Pompée, général et homme d'État (106-48).

5. Marcus Porcius Caton, dit Caton l'Ancien ou Caton le Censeur (234-149). Célèbre notamment pour son austérité et son opposition farouche à Carthage. Le nom de l'épouse mentionné par Sénèque est

et, chose que personne ne pourrait croire, insolente envers un personnage comme Caton. Je dis cela pour qu'on ne pense pas qu'il suffit d'épouser une femme pauvre pour assurer la paix du ménage.

F 35 – Jérôme, *Contre Jovinien*, I, 48

Un jour que Philippe, le roi de Macédoine contre qui Démosthène fulmina dans les *Philippiques*, entra comme d'habitude dans la chambre à coucher, son épouse en colère l'en chassa. Expulsé de sa chambre, il garda le silence et se consola de l'affront en citant un vers tragique[1].

F 36 – Jérôme, *Contre Jovinien*, I, 48

Nous lisons que certaines femmes répudiées dès le deuxième jour du mariage se sont aussitôt remariées. Les deux maris sont à blâmer, aussi bien celui à qui elle a si vite déplu que celui à qui elle a plu si vite.

F 37 – Jérôme, *Contre Jovinien*, I, 44

On rapporte qu'Artémisia, l'épouse de Mausole[2], a été elle aussi d'une chasteté exemplaire. Elle fut reine de Carie, et a été louée par des poètes et des historiens célèbres ; mais ce qu'on a surtout vanté, c'est qu'après la mort de son mari elle a continué à l'aimer comme lorsqu'il était vivant, et lui a élevé un tombeau d'une grandeur étonnante et d'une merveilleuse beauté, au point que jusqu'à nos jours tous les tombeaux somptueux sont appelés mausolées d'après le nom du roi.

erroné et résulte manifestement d'une confusion, de Jérôme ou de Sénèque (Caton eut deux épouses, du nom de Licinia et de Salonia ; on ne peut savoir laquelle est visée ici).

1. Vers non identifié.

2. Roi de Carie, qui régna de 377 à 353. Artémisia, à la fois sa sœur et son épouse, lui succéda sur le trône.

F 38 – Jérôme, *Contre Jovinien*, I, 44

Après la défaite des Athéniens, Alcibiade, le disciple bien connu de Socrate, se réfugia chez Pharnabaze[1] ; ce dernier qui avait reçu une somme d'argent de Lysandre, le chef des Lacédémoniens, donna l'ordre de le mettre à mort. Alcibiade mourut étranglé ; on lui coupa la tête et on l'envoya à Lysandre comme preuve du meurtre, tandis que le reste du corps gisait sans sépulture. Alors sa concubine, bravant les ordres d'un ennemi particulièrement cruel, au milieu d'étrangers et sous la menace d'un péril imminent, fut la seule personne à lui rendre les derniers devoirs, prête à mourir pour l'homme mort qu'elle avait aimé vivant.

F 39 – Jérôme, *Contre Jovinien*, I, 45

L'épouse du roi[2] a cru qu'il était juste de tuer son mari, lequel l'avait montrée nue à son ami sans qu'elle le sût. Elle estima en effet qu'elle n'était pas aimée si elle pouvait être exposée aussi aux regards d'un autre.

F 40 – Jérôme, *Contre Jovinien*, I, 45

Après la mort de son mari, Rhodogune[3], la fille de Darius, tua sa nourrice parce qu'elle lui avait conseillé de se remarier.

1. Satrape des provinces perses près de l'Hellespont vers la fin de la guerre du Péloponnèse (chute d'Athènes en 404 av. J.-C.). La mort d'Alcibiade en 404 lui a peut-être été imputée à tort.

2. Le roi de Lydie Candaule. Épisode raconté notamment par Hérodote, I, 8 *sq.*

3. Il s'agit peut-être d'une des trois filles de Darius I, roi de Perse de 521 à 485.

F 41 – Jérôme, *Contre Jovinien*, I, 46

Passant aux femmes romaines, je voudrais mentionner en premier lieu Lucrèce[1], qui a refusé de survivre à la violence faite à sa pudeur et a lavé de son sang la tache imprimée à son corps.

F 42 – Jérôme, *Contre Jovinien*, I, 46

Duillius[2], le premier à Rome à avoir obtenu le triomphe après une bataille navale, prit pour femme une jeune fille nommée Bilia, laquelle fut d'une pudicité si remarquable qu'elle a été un exemple, même à cette époque éloignée qui tenait l'impudicité pour une infirmité plutôt que pour un vice. Ce Duillius, déjà âgé et tout tremblant, se trouva engagé dans une querelle au cours de laquelle il s'entendit reprocher sa mauvaise haleine. Il retourna tristement chez lui et se plaignit à sa femme de ce qu'elle ne l'avait jamais averti de ce défaut pour qu'il pût y remédier. « Je l'aurais fait si je n'avais cru que chez tous les hommes la bouche exhalait cette odeur. » Cette femme pudique et de noble caractère doit être louée dans les deux hypothèses : soit qu'elle ignorât le défaut de son mari, soit qu'elle le supportât patiemment, et aussi parce que son mari avait pris conscience de sa disgrâce physique non par la répugnance éprouvée par son épouse mais par l'insulte d'un ennemi personnel.

1. Épouse de Tarquin Collatin, violée par un parent du nom de Sextus, fils du dernier roi de Rome, Tarquin le Superbe (534-509). Cet outrage entraîna son suicide, à la suite duquel Brutus déclencha un soulèvement qui mit fin à la royauté, en 509 ou 510 (d'après Tite-Live, I, 57 *sq.*).

2. Consul en 260 av. J.-C. Un épisode semblable est rapporté par d'autres auteurs, mais avec d'autres protagonistes (*cf.* Lucien, *Hermotime*, 34).

F 43 – Jérôme, *Contre Jovinien*, I, 41

On raconte que Claudia, une vierge Vestale, fut suspectée d'avoir des relations coupables. Or il se trouve qu'un bateau transportant une statue de la Grande Mère Idéa[1] était enlisé dans les bas-fonds du Tibre ; voulant faire la preuve de sa chasteté, Claudia le traîna avec sa ceinture, alors que plusieurs milliers d'hommes n'avaient pas réussi à le faire avancer.

« Pourtant, dit l'oncle du poète Lucain[2], il eût mieux valu pour elle que cet événement servît à couronner une vertu confirmée plutôt qu'à venir au secours d'une vertu incertaine. »

F 44 – Jérôme, *Contre Jovinien*, I, 46

Comme on demandait à Marcia[3], la plus jeune fille de Caton, pourquoi elle ne se remariait pas après la mort de son mari, elle répondit qu'elle ne trouvait pas d'homme qui fût plus épris d'elle que de ses biens. Sa réponse montre avec finesse qu'ordinairement on choisit une épouse plutôt pour ses richesses que pour sa vertu, et que beaucoup se marient en ne se fiant pas à leurs yeux mais en comptant sur leurs doigts[4]. Une excellente affaire, assurément, quand elle est suggérée par l'avarice ! Comme la même femme pleurait la mort de son époux et que les matrones

1. Cybèle.

2. Sénèque.

3. Prénom inexact. Caton d'Utique eut deux enfants de son premier mariage, dont une Porcia, et trois de son second mariage, dont une autre Porcia dite la Jeune, mais il n'a pas eu de fille nommée Marcia (qui était le nom de sa seconde épouse, *cf.* fr. F 45). La confusion est sans doute imputable à Jérôme. Porcia l'Aînée, mariée d'abord à Bibulus puis à Brutus (fr. F 45), ne peut être désignée ici comme celle qui refuse un deuxième époux ; on peut en conclure que la personne que vise le présent éloge est Porcia la Jeune, comme dans le fr. F 47.

4. Pour calculer.

lui demandaient quel jour mettrait fin à son deuil, elle répondit : « Celui qui mettra fin à ma vie. »

F 45 – Jérôme, *Contre Jovinien*, I, 46

Porcia, la femme qu'épousa Brutus, était vierge ; Marcia, l'épouse de Caton, ne l'était pas mais elle passa d'Hortensius à Caton ; elle put vivre sans Caton, alors que Porcia ne put vivre sans Brutus.

F 46 – Jérôme, *Contre Jovinien*, I, 46

Quand Annia fut invitée par un parent à prendre un nouvel époux, vu qu'elle était dans la fleur de l'âge et belle femme, elle lui répondit : « Jamais je ne le ferai. Car si je trouve un bon mari comme l'était celui que j'avais, je veux éviter d'avoir peur de le perdre ; si j'en trouve un mauvais, pourquoi faudrait-il qu'après avoir eu un bon mari j'en supporte un qui ne le vaut pas ? »

F 47 – Jérôme, *Contre Jovinien*, I, 46

Porcia la Jeune, devant qui on faisait l'éloge d'une dame de bonnes mœurs qui s'était remariée, répliqua : « Une femme heureuse et chaste ne se marie pas plus d'une fois. »

F 48 – Jérôme, *Contre Jovinien*, I, 46

Marcella l'Aînée, à qui sa mère demandait si elle était contente de s'être mariée, lui répondit : « À un point tel que je ne souhaite rien de plus. »

F 49 – Jérôme, *Contre Jovinien*, I, 46

Valéria, la sœur des Messalas, ne voulut épouser personne après la mort de son mari Servius. Quand on lui demanda pourquoi, elle répondit que pour elle son mari Servius était toujours en vie.

F 50 – Jérôme, *Contre Jovinien*, I, 49

Un homme très instruit a affirmé qu'il faut veiller avant tout à préserver la chasteté, parce que sa perte entraîne la ruine de toutes les vertus. C'est elle qui tient le premier rang parmi les vertus féminines. Elle donne du prix à la femme pauvre, rehausse celui de la riche, rachète la laide et magnifie la belle. Grâce à elle, la femme est digne d'éloges aux yeux des ascendants parce qu'elle ne corrompt pas leur sang par une descendance bâtarde ; aux yeux de ses enfants, qui n'ont pas à rougir de leur mère ni à douter de l'identité de leur père ; et avant tout à ses propres yeux, dans la mesure où la chasteté la soustrait aux outrages d'un étranger. La captivité n'entraîne pas de calamité pire que celle d'être la proie du désir d'autrui. Le consulat donne de l'éclat aux hommes, l'éloquence rend leur nom impérissable, la gloire militaire et le triomphe immortalisent des familles d'origine obscure, et nombreuses sont les activités qui par elles-mêmes apportent la célébrité à des individus d'un talent reconnu. Pour une femme, la vertu qui la concerne en propre est la chasteté. C'est elle qui a fait de Lucrèce l'égale de Brutus[1], peut-être même supérieure à Brutus ; car ce dernier, c'est d'une femme qu'il a appris qu'il est impossible d'être esclave. C'est cette vertu qui a fait de Cornélia[2] l'égale de Gracchus, de Porcia l'égale de Brutus le Jeune[3]. Tanaquil

1. Sur Lucrèce et Brutus, voir ci-dessus fragment F 41.

2. Fille de Scipion l'Africain le Grand, née vers 189, épouse de Tibérius Sempronius Gracchus. Veuve dès 154, elle avait la réputation d'une femme vertueuse et cultivée, s'occupant avec soin de l'éducation de ses enfants, dont les deux célèbres tribuns Tibérius et Caius Gracchus, morts en 133 et 123 ; elle leur survécut jusqu'en l'an 110 et resta une figure très honorée.

3. Pour Porcia et Brutus le jeune, voir plus haut le fragment F 45.

est plus célèbre que son mari[1] : le nom de ce dernier s'est perdu dans la nuit des temps au milieu des noms de beaucoup de rois ; elle, une vertu peu fréquente chez les femmes l'a trop profondément gravée dans la mémoire de tous les siècles pour en être jamais effacée.

F 51 – Jérôme, *Contre Jovinien*, I, 48

Toute l'emphase des tragédies, tout ce qui ruine les familles, les cités et les royaumes tient au conflit entre les épouses et les concubines. Les parents arment leurs bras contre leurs enfants, on sert d'abominables festins[2], et en raison du rapt d'une malheureuse femme l'Europe et l'Asie se font une guerre de dix ans[3].

F 52 – Jérôme, *Contre Jovinien*, I, 44

Comme presque tous les peuples barbares, les Indiens ont plusieurs épouses. Il y a chez eux une loi selon laquelle l'épouse la plus chère à son mari est brûlée en même temps que lui. Elles rivalisent donc entre elles pour savoir laquelle a été la plus aimée de lui, et dans cette compétition leur ambition la plus haute, en même temps que la preuve de leur chasteté, consiste à être jugée digne de mourir. Par suite, l'épouse qui triomphe, parée de ses vêtements et ornements antérieurs d'épouse, s'étend à côté du cadavre, l'embrasse, le couvre de baisers, et en pensant à la gloire que lui vaudra sa chasteté, elle n'a que mépris pour le feu qu'on allume sous elle.

1. Tarquin l'Ancien.

2. Allusion à diverses tragédies antiques. Pour les parents meurtriers de leurs enfants, on peut citer les *Médée* et les *Hercule furieux* d'Euripide et de Sénèque lui-même. Les *Thyeste* d'Euripide (fragments) et de Sénèque mettent en scène le « banquet » dans lequel Atrée fait servir à table la chair des deux fils de son frère Thyeste à l'insu de ce dernier.

3. On connaît l'histoire du rapt d'Hélène et de la guerre de Troie.

F 53 – Jérôme, *Contre Jovinien*, I, 45

La légende raconte qu'Alceste est morte de son plein gré pour Admète, et la chasteté de Pénélope est l'objet du poème d'Homère. Laodamie est elle aussi chantée par les poètes parce qu'elle ne consentit pas à survivre à Protésilas, tué près de Troie[1].

F 54 – Jérôme, *Contre Jovinien*, I, 47

Nous avons un livre de Théophraste[2] sur le mariage, ouvrage très précieux dans lequel il demande si le sage se marie. Après avoir précisé que le sage se marie quelquefois si la femme est belle, irréprochable dans sa conduite, de bonne famille, si lui-même est en bonne santé et riche, il enchaîne : « Mais il est rare que ces conditions soient

1. Le sacrifice d'Alceste forme la matière d'une célèbre tragédie d'Euripide. Le refus obstiné de Pénélope de choisir un mari durant la longue absence de son époux Ulysse est amplement développé, comme on sait, dans l'*Odyssée*. Laodamie, épouse de Protésilas, le premier Grec tué devant Troie, est célèbre pour avoir obtenu des dieux le retour des Enfers de son mari pour quelques heures, et pour s'être suicidée ensuite sur le bûcher dudit mari. Sur ce sujet, il subsiste quelques fragments d'une tragédie d'Euripide intitulée *Protésilas*. Laodamie apparaît chez divers poètes (p. ex. chez Catulle, LXVIII, 73) et est souvent associée à d'autres figures exemplaires de la fidélité conjugale (les trois femmes nommées dans le présent fragment se retrouvent ainsi chez Ovide, *Pontiques*, III, 1, 105-110).

2. On l'a vu dès l'Introduction, l'attribution à Sénèque de plusieurs des fragments réunis sous son nom reste incertaine. La question se pose en particulier ici puisque Jérôme affirme qu'il cite Théophraste, et que par ailleurs ce texte est absent de l'œuvre conservée de cet auteur. Des nombreuses discussions que ce fragment a suscitées (résumées dans l'édition de Vottero, p. 26-29), on peut retenir : 1. au terme d'une comparaison stylistique serrée de ce fr. 54 avec les autres œuvres de Sénèque, Vottero estime qu'on doit en effet l'attribuer à notre Stoïcien, et que c'est par ce dernier que Jérôme a eu accès à Théophraste ; 2. la source de Sénèque n'est sans doute pas une œuvre perdue de Théophraste, mais un recueil de textes à l'usage des écoles, où la teneur de ce passage est, à tort ou à raison, attribuée à Théophraste.

toutes réunies dans un mariage. Par conséquent le sage ne doit pas se marier. (2) Car premièrement l'étude de la philosophie en est entravée, et personne n'est en mesure de se consacrer à la fois aux livres et à une épouse. Beaucoup de choses sont indispensables aux besoins des femmes : vêtements coûteux, or, pierres précieuses, argent pour les dépenses courantes, servantes, toutes sortes d'ustensiles de ménage, chaises à porteurs, voitures dorées. (3) Compter ensuite, des nuits durant, les lamentations bavardes : “Celle-là apparaît en public dans de plus belles toilettes, celle-ci est respectée de tous, et moi, quand nous nous retrouvons entre femmes, on me regarde de haut comme une pauvrette. – Pourquoi lorgnais-tu la voisine ? – De quoi parlais-tu avec la petite servante ? – Qu'as-tu rapporté du marché ? ” Nous ne pouvons pas avoir d'ami ou de camarade. Elle soupçonne que l'affection pour quelqu'un d'autre signifie haine envers elle. Si un maître très savant se présente dans une ville voisine, nous ne pouvons ni abandonner notre épouse ni nous y rendre avec ce fardeau. Entre tenir une femme pauvre est difficile, supporter une femme riche est une torture.

(4) Ajoute à cela que l'épouse n'est pas l'objet d'un choix : quelle que soit celle qui nous a été dévolue, il faut la garder. Est-elle colérique, insensée, laide, hautaine, repoussante ? Quel que soit le défaut, nous le découvrons après les noces. Un cheval, un âne, un bœuf, un chien, les esclaves les moins chers, et même des vêtements, des marmites, un banc en bois, une coupe, une cruche en terre, tout cela on l'examine avant de l'acheter ; seule l'épouse ne nous est pas montrée, pour éviter qu'elle déplaise avant qu'on ne l'épouse. (5) Il faut sans cesse prêter attention à son aspect et louer sa beauté pour qu'elle ne se croie pas dédaignée dans le cas où on jette les yeux sur une autre femme. On doit lui donner le titre de maîtresse, fêter son

anniversaire, jurer par sa santé, souhaiter qu'elle nous survive. Il faut honorer sa nourrice et sa bonne d'enfant, l'esclave donné par son père ainsi que l'enfant qu'il élève, le bellâtre de sa suite, son intendant bouclé, l'eunuque castré pour servir sa passion durablement et sans risque : autant de termes sous lesquels on cache les adultères. Quels que soient les gens sur qui elle a porté son choix, il faut les aimer malgré nous. (6) Si on lui a confié le gouvernement intégral de la maison, on se voit réduit à l'esclavage ; si on s'est réservé pour soi-même l'une ou l'autre décision, elle croit qu'on ne lui fait pas confiance, ses sentiments se changent en haine et en querelles, et si vous n'avez pas rapidement pris des mesures, elle prépare le poison. Si on introduit dans la maison des vieilles femmes, des orfèvres, des devins, des colporteurs de pierres précieuses et d'habits de soie, sa chasteté est en péril ; si on leur interdit d'entrer, elle se sent insultée par nos soupçons. (7) Mais à quoi bon la vigilance, fût-elle rigoureuse, puisqu'une épouse impudique ne peut être contenue, et qu'une épouse chaste n'en a pas besoin ? La contrainte, en effet, est une gardienne peu sûre de la chasteté, et mérite vraiment d'être dite chaste la femme qui avait la possibilité de pécher si elle l'avait voulu. Une belle femme trouve aisément des amants, une femme laide manifeste ses appétits sans détour : c'est qu'il est difficile de monter la garde autour d'un objet que beaucoup aiment, et déplaisant de posséder une chose que personne ne daigne avoir. Néanmoins, avoir une femme disgracieuse cause moins de soucis que de surveiller une femme bien faite : aucune chose n'est en sûreté si tout un peuple la convoite et soupire après elle ; l'un cherche à la gagner par sa belle mine, un autre par son intelligence, un autre par ses mots d'esprit, un autre par sa générosité. D'une manière ou d'une autre, une forteresse attaquée de tous côtés finit par être emportée.

(8) Si on épouse une femme pour administrer la maison, pour être soulagé en cas de maladie, pour fuir la solitude, alors un esclave fidèle, obéissant à l'autorité du maître et respectueux des dispositions qu'il a prises, fait bien mieux l'affaire qu'une épouse qui considère qu'être maîtresse de maison consiste à agir contre la volonté du mari, c'est-à-dire à faire ce qui lui plaît et non ce qui lui a été commandé. (9) Veiller au chevet d'un malade, les amis et les esclaves nés dans la maison et liés par la reconnaissance des bienfaits reçus en sont mieux capables que celle qui nous rend responsables de ses pleurs (dans l'espoir d'hériter, sa mine défaite lui sert de monnaie d'échange), et qui, en manifestant ostensiblement son inquiétude, bouleverse l'esprit du malade et lui ôte tout espoir. (10) Si elle est souffrante, elle, il faut tomber malade avec elle et ne pas s'éloigner de son lit ; ou alors, si elle a été une épouse bonne et agréable (un oiseau rare, néanmoins), nous gémissons avec elle quand elle accouche, nous nous tourmentons quand elle est en danger.

(11) Le sage, en fait, ne peut jamais être seul : il a avec lui tous les hommes bons, du présent comme du passé, et il tourne librement son esprit vers les objets de son choix. Ce qu'il ne peut atteindre en personne, il l'embrasse par la pensée ; et si les humains viennent à manquer, il conversera avec dieu. Jamais il ne sera moins seul que dans la solitude. (12) Quant à prendre femme pour avoir des enfants, que ce soit pour ne pas laisser périr notre nom, pour avoir une assistance dans notre vieillesse ou pour être sûr de laisser notre héritage en de bonnes mains, c'est la chose la plus stupide qui soit. En quoi cela nous concerne-t-il qu'après notre départ de ce monde personne d'autre ne porte notre nom, alors que même un fils ne reprend pas immédiatement le nom de son père et que les gens qui portent le même nom sont innombrables ? Quel secours

attendre dans la vieillesse si celui que tu as nourri chez toi vient à décéder avant toi, ou adopte des mœurs totalement dissolues ou, une fois adulte, trouvera sans doute que tu tardes à mourir ? (13) Les amis et les proches que tu auras judicieusement choisis sont des héritiers meilleurs et plus sûrs que ceux qui te sont imposés, que tu le veuilles ou non ; encore que le moyen le plus sûr d'assurer ton héritage consiste à bien employer ton bien tant que tu es en vie, plutôt que d'abandonner ce que tu as durement gagné entre les mains de gens dont tu ne sais pas ce qu'ils en feront.

VIII. DU TREMBLEMENT DE TERRE (T 55)

*C'est Sénèque lui-même qui nous informe cette fois. Information des plus succinctes : il affirme avoir écrit un ouvrage sur le phénomène du tremblement de terre, mais sans aucune indication quant au contenu. Seule précision : l'auteur était jeune (*juvenis*), ce qui nous ramène probablement au début de l'exil en Corse, soit vers l'an 41. On peut tout au plus conjecturer que la théorie exposée au livre VI des* Questions naturelles, *qui datent des dernières années de l'auteur, reprend et approfondit les recherches de sa jeunesse.*

T 55 – Sénèque, *Questions naturelles*, VI, 4, 2

Examinons donc les causes qui sont à l'origine de ces phénomènes[1]. Cette étude m'est si chère que j'ai beau avoir fait dans ma jeunesse un livre sur les tremblements de terre, j'ai néanmoins voulu me mettre à l'épreuve et voir si l'âge avait ajouté quelque chose à mes connaissances, ou du moins à mon souci d'exactitude.

1. Les tremblements de terre et les effets extraordinaires qu'ils produisent, étudiés pour le seul plaisir de la connaissance.

IX. DE LA FORME DU MONDE (T 56)

L'écrivain chrétien Cassiodore (v. 480-575) estimait – avec réticence, et au prix de diverses limitations – que ses lecteurs devaient connaître un certain nombre d'auteurs de l'Antiquité païenne, et pour cette raison il avait introduit leurs ouvrages dans la bibliothèque du monastère de Vivarium qu'il dirigeait[1]. *Dans ses* Institutions, *il expose la division des arts libéraux devenue classique : trois « arts » (grammaire, rhétorique, dialectique) et quatre « disciplines » : arithmétique, géométrie, musique et astronomie. C'est à propos de cette dernière qu'il recommande fermement la lecture du traité de Sénèque. – La rotondité du monde était défendue par Platon et Aristote, et c'est la thèse adoptée par les Stoïciens (Plutarque,* Opinions des philosophes, *II, 2). Sénèque y fait allusion dans plusieurs des œuvres conservées.*

T 56 – Cassiodore, *Institutions*, II, 6, 4

Le monde lui-même, comme certains l'affirment, se meut dans la rondeur d'une sphère, de manière à embrasser dans la circularité de son orbite les formes variées des choses. De là le livre de Sénèque intitulé *De la forme du monde*, qui traite de la question en usant de la méthode de discussion propre aux philosophes. Je vous ai laissé ce livre pour que vous le lisiez jusqu'au bout.

1. Sur Cassiodore, et plus largement sur les positions très différentes des écrivains chrétiens des premiers siècles en cette matière, voir le livre ancien mais riche d'informations de M. Roger, *L'enseignement des lettres classiques d'Ausone à Alcuin*, Paris, 1905.

X. Des devoirs (F 57)

*Les devoirs (*officia, καθήκοντα*) forment un chapitre important de l'éthique stoïcienne, et de nombreux traités y ont été consacrés dans l'école ; on sait que nous avons conservé les* Devoirs *de Cicéron, un important ouvrage inspiré de Panétius. Le contraste avec ce qui nous reste de celui de Sénèque est saisissant : une phrase insignifiante illustrant une question de vocabulaire. Il ne vaudrait pas la peine d'en parler si l'on n'avait acquis la conviction que le traité de Sénèque a inspiré, vers 572, un traité de morale de Martin de Braga, ouvrage à partir duquel on a tenté de reconstituer de façon très hypothétique celui de Sénèque. La parenté supposée des* Devoirs *avec le traité conservé* Les Bienfaits *de notre auteur*[1]*, d'inspiration voisine, a conduit à placer les* Devoirs *après l'an 60.*

F 57 – Diomède, *Grammaire latine*, I, vol. I, p. 336

Dans le livre intitulé *Des Devoirs*, Sénèque dit : « Si je vais vous livrer mon cou » au lieu de « Si je vais vous le tendre ». (*praestitero, praebuero*)

XI. Comment sauvegarder l'amitié (F 58-60)

À la différence des fragments précédents, la survie de cet ouvrage est due à un manuscrit (incomplet) de Sénèque, publié pour la première fois en 1820 par B.G. Niebuhr, avant qu'en 1888 W. Studemund en donne une lecture définitive (selon Vottero, p. 102). Le thème de l'amitié a été souvent traité dans l'Antiquité, et un

1. Longue discussion sur le rapport entre ces deux textes dans Sénèque, *Des bienfaits*, texte et traduction F. Préchac, Paris, Les Belles Lettres, 1926 ; 2003, tome I, p. I-XXVII.

nombre important de textes consacrés à ce sujet ont été conservés (de Platon, Aristote, Cicéron, Plutarque, Épictète). Les passages subsistants semblent indiquer que Sénèque n'a pas parcouru tous les aspects de l'amitié, mais plus spécifiquement – conformément au titre restitué par Studemund sur le manuscrit – la question de sa sauvegarde. On n'est pas surpris que le thème de l'amitié revienne à plusieurs reprises dans les Lettres à Lucilius *(p. ex. 9; 19, 10-12); et il est probable que notre traité soit contemporain des relations qu'entretenait Sénèque avec Lucilius, soit vers la fin de sa vie.*

F 58 – Sénèque, <*Comment sauvegarder l'amitié*>

… celui-là s'est présenté plus triste que d'habitude.

… la colère cessa. L'un des deux n'a pas supporté le regard de l'autre… ce n'est pas celui-là qui est venu porter plainte. Mais il s'est présenté au tribunal à son détriment, et il a donné satisfaction à celui qui pour sa part offrait satisfaction. L'un n'était pas moins soucieux de ne pas apparaître comme l'auteur d'un dommage que ne l'était l'autre de ne pas apparaître comme l'ayant subi; ou en tout cas les différends qui s'étaient glissés entre eux ne s'apaisaient pas, mais chacun des deux mettait en lumière les outrages subis, et l'un exprimait tout ce qui était caché par l'autre.

(2) Une querelle entre amis ne réclame pas l'intervention d'un juge mais celle d'un arbitre[1]. Si les parties ne sont pas présentes il n'y a pas d'accord possible, et aucune dispute ne peut être traitée de façon sûre par lettres; si l'on ne peut sonder les traits du visage, le révélateur de

1. Sénèque précise ailleurs que le juge est tenu par les limites du droit, alors que l'arbitre a plus de latitude pour régler un différend selon sa conscience (*Des bienfaits*, III, 7, 5).

l'âme, impossible de savoir si la colère qui se manifeste est bien naturelle et si, quand elle prend fin, on peut en être sûr. Le jugement d'un ami doit être rendu en faveur de l'absent, sans tenir compte de celui qui est présent.

(3) Quiconque souhaite une réconciliation doit établir la relation la plus étroite. Une amitié qui se confronte à la réalité obtient de bons résultats. De même que le grand jour dissuade d'accomplir beaucoup de choses que l'audace nous pousse à faire dans les ténèbres, de même ce qui provoque la colère et enflamme les esprits quand les personnes sont absentes n'a plus aucun poids en face de la réalité. Par conséquent, même si l'on a omis quelque chose par trop de négligence, agi avec trop de grossièreté, calculé de façon trop mesquine, parlé avec trop de hauteur, la meilleure solution est de remettre les choses à plus tard, à un moment où il sera possible de se défendre contre les reproches ou de pardonner les fautes inexcusables. L'amitié blessée doit être soignée de telle manière qu'elle guérisse sans laisser de cicatrice.

(4) Quand les amis reviennent, demandons-leur ce qu'ils font quand ils sont absents, pressons leurs débiteurs, portons-nous garants auprès de leurs créanciers, opposons résistance à leurs ennemis…

F 59 – Sénèque, <*Comment sauvegarder l'amitié*>

(5) … vous demandez ; c'est pourquoi vos amitiés dépérissent en un instant quand leur gage le plus solide est la table[1].

1. Sorte de lieu commun exprimé de diverses manières par les écrivains. Ainsi Martial : « Cet homme que tes soupers, que ta table ont rendu ton ami, le crois-tu un modèle de solide amitié ? » (*Épigrammes*, IX, 45).

Un seul voyage raye de l'âme tous les droits de l'amitié ; au vrai, s'il est assez long et conduit l'ami dans des régions un peu éloignées, non seulement l'amitié est perdue mais l'autre n'est même plus reconnu. Opposons-nous par tous les moyens à cette éventualité et ranimons le souvenir qui s'efface. Comme je le disais dans la première partie, servons-nous de l'agilité de notre esprit, ne souffrons pas que quiconque est notre ami soit loin de nous, faisons en sorte que nos amis fassent promptement retour en notre esprit ; (6) anticipons l'avenir, remémorons-nous le passé :

> Telles étaient ses mains, tels les traits de son visage[1].

Que se dessine en notre esprit une image connue, prise sur le vif, ni évanescente ni inexpressive.

> Telles étaient ses mains, tels les traits de son visage.

Ajoutons à cela des traits qui le décrivent encore mieux : « C'est ainsi qu'il parlait, ainsi qu'il nous encourageait, ainsi qu'il nous détournait d'une action, ainsi qu'il était disponible pour donner des conseils et prêt à en recevoir, sans s'entêter s'il s'agissait de changer d'avis ; c'est ainsi qu'il avait l'habitude de se montrer généreux dans ses largesses et de supporter qu'elles fussent perdues, ainsi qu'il hâtait sa bienveillance, qu'il exprimait sa colère, qu'il se laissait vaincre par les visages qu'adoptent ordinairement les amis pour l'emporter l'un sur l'autre. » Passons en revue toutes les autres vertus, exerçons-nous à les pratiquer et à les cultiver.

(7) Et s'il se trouve qu'un grand nombre de nos amis sont absents au même moment, rassemblons-les comme s'ils étaient les membres dispersés en plusieurs endroits

1. Virgile, *Énéide*, III, 490.

de notre cercle d'amis : que tantôt celui-ci et tantôt celui-là soit présent sur nos lèvres et dans notre cœur. Et quand tu te reposeras des fatigues de ton esprit[1], sache que le temps écoulé n'a pas assez de pouvoir pour effacer le souvenir d'une amitié ; mais dans ce cas il y a un risque si l'esprit est sans ressort et invoque alors l'excuse habituelle : « L'intensité de mon amour réside au fond de moi, enseveli dans ma conscience… »

F 60 – Sénèque, <*Comment sauvegarder l'amitié*>

(8) … parce que l'expression du visage est équivoque. Le cœur humain possède de profonds replis : tout ce qui rend la vertu aimable sert de masque à la perfidie, et l'extrême bienveillance qu'on affiche dissimule les pires intentions ; si tu manques d'expérience, tu auras du mal à percevoir l'écart entre l'âme de l'ami et les traits de son visage.

(9) Que chacun se fixe comme objectif de ne pas se laisser aisément prendre aux marques d'obligeance simulées : l'amitié est chose rare et non pas banale, elle n'est pas offerte à tous au point de se répandre dans toutes les maisons, comme les hommes s'en persuadent ordinairement. Ou bien, alors qu'il faut se donner beaucoup de mal pour récolter de l'or, après l'avoir cherché partout et avoir difficilement découvert une veine au creux d'une montagne, croyez-vous qu'un ami se trouve partout, sans fatigue, sans recherche active ? Quoi ? Est-ce si simple, si librement offert ? Et pourtant l'or ou l'argent ne sont pas enfouis aussi profondément.

1. Dans ta vieillesse.

XII. De la mort prématurée (F 61-F 63)

La mort est un thème assez commun en philosophie ; les textes qui en témoignent ne sont pas rares dans l'Antiquité, mais le sujet est ordinairement abordé dans les traités éthiques plutôt que dans des ouvrages dédiés. Chez Sénèque, les considérations sur la mort abondent : dans les Consolations, *naturellement, mais aussi et surtout dans les* Lettres à Lucilius *(p. ex.* Lettres *63 ; 93 ; 99), voire dans les* Questions naturelles *(II, 59 ; VI, 32). Le problème de la mort prématurée en fait partie, mais les rares fragments conservés ne permettent pas de connaître la position de l'auteur dans ce traité dont le titre n'a été transmis que par Lactance. On n'a aucune raison de supposer qu'il s'y soit exprimé autrement que dans ses autres écrits, en accord avec le point de vue ordinaire des Stoïciens : nul ne meurt trop tôt (*Consolation à Marcia*, 21* ; Lettres*, 70, 6 ; 93, 2 ; voir aussi le traité* De la brièveté de la vie*) ; point de vue qu'on retrouve ensuite chez Épictète (*Entretiens*, III, 10, 13-15* ; Fragments*, XXIV) et Marc-Aurèle (XII, 36). Les érudits font observer que deux textes antérieurs dans lesquels il s'agit spécifiquement de la mort prématurée ont pu inspirer à Sénèque le titre de son ouvrage : le* De morte *de Philodème, col. 91 sq.*[1]*, et Cicéron,* Tusculanes ; *I, 93-111. – Pour la datation, on s'est intéressé à divers événements liés à la vie de Sénèque qui ont pu susciter une réflexion sur ce thème précis, mais sans pouvoir arriver à des conclusions. On s'accorde cependant à situer l'ouvrage plutôt dans la dernière période de l'existence de son auteur.*

1. Philodème de Gadara, *Sur la mort*, texte et traduction D. Delattre, Paris, Les Belles Lettres, 2022.

F 61 – Lactance, *Institutions divines*, I, 5, 26

J'ajoute Annaeus Sénèque, qui chez les Romains a peut-être été le Stoïcien le plus pénétrant : combien de fois a-t-il offert au Dieu suprême la louange qui lui est due ! Dans son ouvrage *De la mort prématurée*, il dit en effet : « Ne comprends-tu pas ce que sont l'autorité et la majesté de ton juge ? Il est celui qui régit le globe terrestre et le ciel, le dieu de tous les dieux, de qui dépendent ces divinités particulières que nous adorons et honorons. »[1]

F 62 – Lactance, *Institutions divines*, III, 12, 11

Il arrive aussi à Sénèque de reconnaître sans le vouloir[2] qu'il n'y a pas d'autre récompense de la vertu que l'immortalité. En effet, alors que dans son livre *De la mort prématurée* il est en train de louer la vertu, il affirme : « La vertu est la seule chose qui puisse nous donner l'immortalité et nous rendre égaux aux dieux »[3].

F 63 a – Tertullien, *De l'âme*, 42, 2

De façon beaucoup plus ramassée, Sénèque affirme : « Après la mort, tout finit, y compris la mort elle-même »[4].

1. La suite de ce passage forme le F 86.

2. Parce que contraire à la doctrine stoïcienne, qui n'admet pas d'autre récompense de la vertu que la vertu même.

3. La phrase de Sénèque citée par Lactance est interprétée par lui comme si elle signifiait que l'immortalité est la récompense de la vertu (ce qui explique le « sans le vouloir » de la première phrase). Mais si la tradition stoïcienne accepte parfois l'immortalité de l'âme (*cf.* R. Muller, *Les Stoïciens*, Paris, Vrin, 2006 ; 2012, p. 114-116), cette immortalité est une conséquence de la vertu, non sa récompense. Quand Sénèque évoque l'immortalité, il s'agit du souvenir durable d'une vie de sagesse ; cf. *De la brièveté de la vie*, 15, 4-5.

4. Ce sont avant tout les Épicuriens qui nient de la façon la plus nette une quelconque survie après la mort (*Maximes capitales*, II ; *À Ménécée*, 124). Sénèque, en accord avec la majorité des Stoïciens, adopte le plus souvent la même position (cf. *Consolation à Marcia*, XIX, 5) malgré quelques formulations ambiguës.

F 63 b – Tertullien, *De la résurrection des morts*, 1, 4

Sénèque affirme lui aussi qu'après la mort tout finit, y compris la mort elle-même.

F 63 c – Tertullien, *De la résurrection des morts*, 3, 3

Mais quand ils disent « Ce qui est mort est mort », « Vis tant que tu es vivant », et « Après la mort, tout finit, y compris la mort elle-même », alors je me souviendrai que l'esprit du commun des hommes est cendre aux yeux de Dieu et que la sagesse du siècle elle-même a été proclamée folie[1].

XIII. DE LA SUPERSTITION (T 64-F 75)

*Le terme de superstition (*superstitio*) peut désigner simplement la crainte religieuse, le respect pour le sacré ou pour les dieux (Virgile,* Énéide*, XII, 817), mais il a le plus souvent un sens péjoratif; il sert dans ce cas à différencier le culte considéré comme normal dans le cadre d'une religion donnée des déviations et excès de toute nature auxquels cette religion peut donner lieu*[2]. *Cette distinction dépend naturellement des convictions de celui qui l'emploie : pour Tacite (*Annales*, XV, 44) et Pline le Jeune (*Lettres*, X, 96, 8) le Christianisme est une superstition, ce qui n'est évidemment pas le cas pour Tertullien ou pour Augustin; et les philosophes peuvent juger superstitieuses les pratiques ordinaires d'une religion quelconque.*

1. Respectivement : *Isaïe*, 44, 20 et Paul, *Première Épitre aux Corinthiens*, 1, 20.

2. Voir Cicéron, *De la nature des dieux*, I, 42, 117; II, 28, 71-72; *De la divination*, II, 72, 148-149.

Sénèque s'est exprimé clairement et à de nombreuses reprises sur ce qu'il considère comme la vraie religion, celle qui est digne de la philosophie (voir en particulier Lettres, *41 ; 95, 47-50), et il qualifie en conséquence de superstitieuses toutes les pratiques qui s'en écartent peu ou prou (*ibid. *123, 16). Qu'il consacre en outre un traité entier à la question peut surprendre, et laisse entendre que la chose lui tenait à cœur plus qu'on aurait pu le penser. À en juger par les fragments ici rassemblés, peut-être souhaitait-il dénoncer de façon plus explicite les nombreux exemples romains qu'il avait sous les yeux, en y ajoutant des exemples tirés des autres religions dont il avait connaissance : celle des Juifs, des Égyptiens, le culte de Cybèle. Pour ce qui concerne les Chrétiens, voir plus bas F73 et la note. Pour la datation, on admet avec réserves que ce traité a vu le jour dans les dernières années du philosophe.*

F 64 – Tertullien, *Apologétique*, 12, 6

Grincez des dents, écumez de rage[1] : vous-mêmes vous applaudissez un Sénèque quand il traite longuement de votre superstition en termes plus abondants et plus mordants.

F 65 – Augustin, *La cité de Dieu*, VI, 10

La liberté a sans doute manqué à Varron pour oser critiquer ouvertement cette théologie civile comme il a critiqué la théologie du théâtre, pourtant parfaitement semblable[2]. Annaeus Sénèque, dont quelques documents

1. Tertullien réplique aux défenseurs du polythéisme romain qui protestent quand il s'en prend aux statues des dieux et à leur mode de fabrication par les statuaires.

2. Des *Antiquités romaines* de Varron, il ne reste que quelques fragments, mais le livre VI de la *Cité de Dieu* d'Augustin nous renseigne

nous apprennent qu'il s'était illustré au temps de nos apôtres[1], l'a eu, cette liberté, sinon totalement du moins dans une certaine mesure : il l'a eue dans la rédaction de ses œuvres, elle lui a manqué dans sa vie. En effet, dans le livre qu'il a composé contre les superstitions, il critique cette théologie civile ou théologie de la cité avec plus d'abondance et de véhémence que ne l'a fait Varron pour la théologie du théâtre et de la fable. Ainsi en traitant des statues des dieux il dit : « Des êtres sacrés, immortels, inviolables sont honorés dans une matière vile et immobile ; on les représente sous la forme d'êtres humains, de bêtes sauvages, de poissons ; certains leur prêtent un corps composé d'éléments hétéroclites ; on appelle divinités des objets qui seraient regardés comme des monstres si un souffle de vie les animait soudain. »

F 66 – Augustin, *La cité de Dieu*, VI, 10 (suite immédiate du texte précédent)

Ensuite, un peu plus loin, après avoir vanté la théologie naturelle et classé les opinions de quelques philosophes, il s'est fait l'objection suivante : « On me dira ici : "Dois-je croire, moi, que le ciel et la terre sont des dieux, qu'il y en a d'autres au-delà de la lune et d'autres au-dessous ? Dois-je, moi, accepter Platon ou le péripatéticien Straton,

assez précisément sur le plan et le contenu de l'ouvrage (ch. 2-9). Dans le présent passage, Augustin se réfère à la distinction que fait Varron entre trois types de théologies : la théologie mythique ou de la fable ou encore du théâtre, la théologie naturelle ou physique, la théologie civile. La première est celle des poètes, la deuxième celle des philosophes, la troisième celle des peuples (*Cité de Dieu*, VI, 5).

1. Cette affirmation est à rapprocher de la prétendue correspondance entre Sénèque et l'apôtre Paul. Voir *Écrits apocryphes chrétiens*, I, sous la dir. De F. Bovon et P. Geoltrain, « Bibliothèque de la Pléiade », Paris, Gallimard, 1997, p. 1579 *sq*. *Cf.* plus bas le frag. F 102.

dont l'un a conçu un dieu sans corps et l'autre un dieu sans âme[1] ?" »

F 67 – Augustin, *La cité de Dieu*, VI, 10 (suite immédiate du texte précédent)

À quoi Sénèque répond : « Eh quoi ? Les rêveries d'un Titus Tatius, d'un Romulus, d'un Tullus Hostilius te semblent plus véridiques[2] ? Tatius a fait de Cloacina une déesse, Romulus a divinisé Picus et Tibérinus[3], Hostilius a divinisé la Peur et la Pâleur, ces très pénibles affections humaines, dont l'une est le mouvement d'une âme effrayée, et dont l'autre n'est pas même une maladie mais une simple altération du teint. Et tu vas plutôt croire à ces divinités et les placer dans le ciel ? »

F 68 – Augustin, *La cité de Dieu*, VI, 10 (suite immédiate du texte précédent)

Et quelle liberté dans son écriture quand il évoque certains rites cruels et scandaleux ! « L'un se tranche

1. Il est question de dieux supralunaires et de dieux sublunaires chez Xénocrate, un disciple de Platon. Quant à ce dernier, il ne se prononce pas sur la nature du dieu suprême (cf. *Timée*, 28 c), mais n'affirme nulle part qu'il soit incorporel. Straton de Lampsaque, successeur de Théophraste à la tête du Lycée, n'a peut-être pas usé d'une formule aussi lapidaire que celle que lui prête ici Sénèque, mais il s'est effectivement consacré à l'explication physique des phénomènes en écartant tout recours aux dieux (voir Cicéron, *De la nature des dieux*, I, 35 ; *Premiers Académiques*, II, 121).

2. Selon la légende, Titus Tatius est le roi sabin qui, après la réconciliation entre Romains et Sabins, partage le trône avec Romulus. Tullus Hostilius règne à Rome après Numa.

3. Cloacina représente la divinité de la Cloaca Maxima, le grand égout de Rome, dont la construction est attribuée à Tarquin l'Ancien. Picus est une divinité prophétique, Tibérinus un des rois mythiques d'Albe.

les parties viriles, l'autre se taillade les bras[1]. Comment craindre la colère des dieux quand on se concilie leurs faveurs de cette façon ? Les dieux ne méritent aucune espèce de culte si c'est celui-là qu'ils veulent. Si grand est l'égarement d'un esprit troublé et hors de ses assises qu'on se trouve à apaiser les dieux par des procédés auxquels ne recourent pas même les hommes les plus odieux dont la cruauté est légendaire. Des tyrans ont parfois déchiré les membres de leurs victimes, ils n'ont jamais ordonné à quelqu'un de déchirer ses propres membres ; certains hommes ont été châtrés pour servir aux plaisirs des rois, mais aucun esclave ne s'est ôté la virilité de ses propres mains sur ordre de son maître. Eux se percent à l'envi de coups dans les temples, ils prient en offrant leurs blessures et leur sang. Si l'on avait le loisir de regarder ce qu'ils font et endurent, on découvrirait des actes si indignes de gens honorables, si inconvenants pour des hommes libres, si étrangers à des esprits sains que personne ne douterait de leur folie s'ils n'étaient qu'un petit nombre à délirer : mais la multitude de ces insensés fait office de preuve de leur bon sens. »

F 69 – Augustin, *La cité de Dieu*, VI, 10 (suite immédiate du texte précédent)

Rappelant ensuite les cérémonies qui se déroulent ordinairement au Capitole, Sénèque en démontre avec intrépidité le caractère totalement inacceptable ; qui peut croire, en effet, qu'elles ne sont pas le fait de charlatans

1. Allusion aux Galles, prêtres de Cybèle, qui se châtraient au cours de rites orgiaques (voir p.ex. Catulle, LXIII). Apulée rapporte des pratiques identiques dans le culte de la déesse Syrienne (*Métamorphoses*, VIII, 24-31). Les blessures infligées aux bras semblent faire partie des mêmes rites (*ibid.*).

et de déments ? Traitant des mystères de l'Égypte, il s'est d'abord moqué du rite où l'on pleure la disparition d'Osiris pour, aussitôt après, manifester bruyamment sa joie de le retrouver et où, bien que sa perte et sa découverte soient des fictions, douleur et joie sont néanmoins exprimées avec sincérité par des gens qui n'ont rien perdu ni rien retrouvé. A quoi Sénèque ajoute : « Cette fureur n'a cependant qu'un temps limité : on peut accepter un délire qui n'a lieu qu'une fois par an. Mais présente-toi au Capitole : tu auras honte d'évoquer les manifestations de cette démence publique dont une fureur mensongère se fait un devoir. L'un livre des noms à la divinité, un autre annonce les heures à Jupiter ; l'un se fait son appariteur, l'autre son masseur et imite du vain mouvement de son bras les gestes de celui qui l'enduit de parfum. Il y a des femmes qui peignent les cheveux de Junon et de Minerve (loin du temple et à distance des statues, elles remuent les doigts à la manière des coiffeuses) et d'autres qui tiennent le miroir. Il y a des gens qui prient les dieux de leur servir de caution en justice, d'autres qui leur remettent des placets et les instruisent de leur cause[1]. Un habile archimime[2], vieillard déjà décrépit, donnait tous les jours une représentation au Capitole, comme si les dieux avaient plaisir à voir jouer un acteur à qui les hommes avaient cessé de s'intéresser. On trouve aussi des gens de tous métiers qui y passent vainement leur temps à travailler pour les dieux immortels. »

1. Sur ces simulacres de soins donnés aux dieux, voir aussi la *Lettre à Lucilius*, 95, 47.

2. Acteur qui dirige une troupe d'acteurs de mime. Suétone décrit plaisamment un archimime officiant aux funérailles de Vespasien (*Vie de Vespasien*, XIX).

F 70 – Augustin, *La cité de Dieu*, VI, 10 (suite immédiate du texte précédent)

Sénèque ajoute un peu plus loin : « Quant à ces derniers, les services qu'ils rendent au dieu ont beau être inutiles, du moins n'ont-ils rien de honteux ni d'infamant. Mais il y a des femmes qui s'établissent au Capitole en s'imaginant être aimées de Jupiter : elles ne craignent même pas le regard de Junon, la plus irritable des déesses si l'on en croit les poètes »[1].

F 71 – Augustin, *La cité de Dieu*, VI, 10 (suite immédiate du texte précédent)

C'est là une liberté de parole que Varron n'a pas connue : il n'a osé critiquer que la théologie des poètes, non cette théologie civile que Sénèque a mise en pièces. Mais à dire vrai, les temples où ces rites se déroulent sont pires que les théâtres, où il s'agit de fictions. C'est pourquoi, pour ce qui concerne les cérémonies de la théologie civile, l'attitude que Sénèque recommande au sage est-elle de ne pas y participer avec un sentiment de piété intérieure, mais d'en donner le change par ses actes. Il dit en effet : « Le sage observera toutes ces pratiques en tant que prescrites par les lois, non comme agréables aux dieux. »

F 72 – Augustin, *La cité de Dieu*, VI, 10 (suite immédiate du texte précédent)

Il ajoute un peu plus loin : « Que dire de ces mariages que nous faisons entre les dieux, allant jusqu'à unir de façon sacrilège des frères et des sœurs[2] ? Nous marions

1. Les infidélités de Jupiter et la jalousie rancunière de Junon sont abondamment évoquées par les poètes ; et par Sénèque lui-même dans ses tragédies (*Hercule furieux*, 27 *sq.* ; *Agamemnon*, 809 ; *Hercule sur l'Oeta*, 1791 *sq.*).

2. On sait que Junon est à la fois la sœur et l'épouse de Jupiter.

Bellone à Mars, Vénus à Vulcain, Salacia à Neptune[1]. Nous en laissons cependant quelques-uns dans le célibat, faute, apparemment, d'un bon parti ; alors qu'il y a des déesses qui sont privées de mari comme Populonia, Fulgora ou la divine Rumina[2] ; mais pour ces dernières je ne m'étonne pas qu'elles n'aient pas de prétendants.

Toute cette foule mal connue de dieux qu'une superstition invétérée a amassée au long des siècles, poursuit-il, nous lui rendrons un culte en nous rappelant que ce culte s'adresse à la tradition, non à la réalité. »

F 73 – Augustin, *La cité de Dieu*, VI, 11

Entre autres superstitions de la théologie civile, Sénèque critique aussi les mystères sacrés des Juifs, et en particulier le sabbat ; il affirme que cette pratique est préjudiciable, parce qu'en l'observant un jour sur sept ils perdent à peu près la septième partie de leur vie du fait de cette oisiveté, et que beaucoup de tâches urgentes souffrent de cette absence d'activité[3].

1. Bellone est une antique déesse de la guerre et, selon les auteurs, sœur ou épouse ou mère de Mars. Vénus, épouse de Vulcain, trahit ce dernier avec Mars (*Odyssée*, VIII, 266 *sq.*). Salacia est une divinité de la mer, associée à Neptune (dans sa traduction du *Timée* de Platon, en 40e, Cicéron choisit « Salacia » pour traduire « Téthys »).

2. Populonia est une divinité de la génération ; Fulgora, une déesse des éclairs, pendant féminin de Jupiter ; Rumina, la déesse de l'allaitement (sur cette dernière, voir notamment Augustin, *Cité de Dieu*, VII, 11). Ces trois divinités figurent aussi parmi les nombreux noms sous lesquels on invoquait Junon. La plaisanterie qui termine le paragraphe vise sans doute Populonia et Rumina, qui président à des fonctions proprement féminines et ne peuvent avoir de pendant masculin.

3. Autre allusion critique au sabbat juif dans la *Lettre* 95, 47 ; *cf.* Rutilius Namatianus (déb. ve s.), I, 391. Sénèque n'est pas le seul à manifester méfiance ou hostilité envers le Judaïsme ; on cite volontiers Tacite (*Histoires*, V, 4-5) ou Juvénal (XIV, 96 *sq.*) ; mais le livre de Th. Reinach (*Textes d'auteurs grecs et romains relatifs au Judaïsme*, 1895 ; rééd. Paris, Les Belles Lettres, 2007) contient beaucoup d'autres exemples.

Pour ce qui est des Chrétiens cependant, qui déjà en ce temps étaient très hostiles aux Juifs, il n'a osé en parler ni en bien ni en mal, pour éviter soit de les louer en contradiction avec les anciennes traditions de sa patrie, soit de leur adresser des reproches qui auraient peut-être été en désaccord avec son sentiment personnel[1]. Toujours est-il que lorsqu'il parle des Juifs, il dit : « En attendant, les traditions de cette nation infâme ont pris une telle force que déjà elles sont accueillies dans tous les pays : les vaincus ont imposé leurs lois aux vainqueurs[2] ! »

F 74 – Augustin, *La cité de Dieu*, VI, 11 (suite immédiate)

Ces mots trahissaient son étonnement et, ignorant les voies de Dieu, il a ajouté une remarque où s'exprime clairement son sentiment sur le caractère fondamental des cérémonies juives. Il dit en effet : « Ces gens, à vrai dire, connaissent les raisons de leurs rites, alors que la plus grande partie du peuple les pratique sans savoir pourquoi »[3].

1. Il est impossible de se faire une opinion sur l'attitude de Sénèque envers les Chrétiens, qu'il ne nomme jamais (voir ci-dessus F 65, à propos de la correspondance apocryphe entre Sénèque et l'apôtre Paul). Mais on s'accorde sur le fait qu'au début de l'Empire les Chrétiens apparaissaient comme une secte juive, et n'étaient pas nécessairement visés spécifiquement.

2. Cette formule finale rappelle le célèbre jugement d'Horace sur les rapports entre la Grèce et Rome (« La Grèce conquise a conquis son farouche vainqueur », *Epitres*, II, 1, 156), et a sans doute inspiré la déclaration de Rutilius Namatianus à propos des Juifs (« La nation vaincue pèse lourdement à son vainqueur »).

3. Selon Th. Reinach (*Textes d'auteurs grecs et romains*..., p. 263, note 2), la distinction entre « ces gens » et « la plus grande partie » n'oppose pas les prêtres et la foule des croyants, mais les Juifs en bloc et la masse des superstitieux ignorants.

F 75 – Diomède, *Grammaire latine*, I, vol. I, p. 379

Il existe des verbes auxquels manque le parfait bien qu'ils possèdent pour le reste une conjugaison complète ; ainsi en est-il de *verro* (balayer), *meto* (moissonner), *furis* (tu délires). Pour ces verbes il n'est pas facile de trouver le parfait, et pourtant, dans le cas de *verro*, nous trouvons un parfait dans la voix passive, comme si on avait *verror, versus* ; on lit ainsi dans le dialogue *De la superstition* de Sénèque : *versa templa* (les temples balayés)[1].

XIV. EXHORTATIONS (F 76-F 89)

*Ce titre attesté par Lactance, seule source des fragments subsistants de ce traité, désigne un ouvrage qui dans la tradition antique relève du genre protreptique, c'est-à-dire d'une littérature incitant à se convertir à la philosophie. Même si l'on peut penser que la plupart des écrits philosophiques partagent cette ambition, un certain nombre de traités portant explicitement le titre de Protreptique figurent dans nos sources, en particulier pour les Stoïciens (Cléanthe, Chrysippe, Posidonius), mais aucun de ceux qui précèdent Sénèque n'a été conservé. L'*Hortensius *de Cicéron appartient lui aussi à ce genre ; il n'a pas non plus subsisté, mais il mérite une mention parce qu'on considère que Sénèque l'a connu et s'en est inspiré (cf.* Lettres, *17, 2 ; 49, 5).*

1. Dans le contexte d'un livre sur la superstition, les temples balayés renvoient sans doute à certaines formes de supplications des dieux dénoncées par Sénèque, lors d'événements comme celui que rapporte Tite-Live : « Les femmes, prosternées, balayant les temples de leur chevelure, implorent le pardon du ciel irrité et la fin de la peste. » (*Histoire romaine*, III, 7, 8 ; trad. G. Baillet, Paris, Les Belles Lettres, 1969).

La volonté de convertir le lecteur à la philosophie est omniprésente dans l'œuvre de Sénèque, mais elle s'exprime tout particulièrement dans les textes où l'auteur expose les principes les plus généraux de la philosophie : ce qu'il en est de l'ordre du monde, le gouvernement divin de l'univers, la conciliation de l'activité humaine, c'est-à-dire de la liberté, avec cette providence[1]*. C'est précisément ce genre de questions qu'on découvre dans les présents fragments, ce qui achève de nous convaincre que les* Exhortations *étaient animées par ce projet « protreptique ». À quoi il convient d'ajouter qu'on a relevé dans les œuvres conservées de notre auteur plusieurs mentions de son intention de consacrer plus tard un traité particulier à ces problèmes*[2]*. La date ne peut en conséquence qu'être tardive, peut-être en 64.*

F 76 – Lactance, *Institutions divines*, III, 23, 14

Sénèque affirme qu'un Stoïcien se demandait s'il fallait aussi attribuer des habitants au soleil.[3]

F 77 – Lactance, *Institutions divines*, III, 15, 11-12

De même Sénèque affirme dans ses *Exhortations* : « Voici ce que sont la plupart des philosophes[4] : d'habiles

1. Un exemple frappant dans la *Lettre 16*, spéc. 3-5.

2. *Lettres*, 52, 15 ; *De la Providence*, I, 1 ; *Questions naturelles*, I, 1, 4 et II, 38, 3.

3. L'existence d'habitants sur la lune est une thèse attribuée à divers philosophes « de la nature », mais il n'y a pas de trace de Stoïcien s'interrogeant sur d'éventuels habitants de la lune ou du soleil. Selon Vottero, il s'agit peut-être d'un charlatan se réclamant abusivement d'une école reconnue.

4. C'est une sorte de lieu commun de reprocher aux philosophes leur infidélité aux principes qu'ils professent. Sénèque semble se souvenir ici de Cicéron, *Tusculanes*, II, 4, 11-12, cité auparavant par Lactance. Ces reproches pouvaient viser les plus grands ou les plus vertueux (*cf.* Sénèque, *De la vie heureuse*, 18, 1, où sont mentionnés Platon, Épicure, Zénon), et Sénèque n'y a pas échappé (*ibid.*, 17, 1 *sq.*).

parleurs pour formuler des reproches qui se retournent contre eux ; si on les entend pérorer contre l'avarice, la passion amoureuse, l'ambition, on peut croire qu'il s'agit d'une dénonciation ouverte <de leurs propres défauts>, tellement les invectives adressées au public rejaillissent sur eux. On doit les regarder du même œil qu'on regarde les médecins : leurs étiquettes portent le nom de remèdes, mais les flacons contiennent des poisons. (12) Certains en fait n'ont même pas honte de leurs vices, mais ils inventent de bonnes raisons pour justifier leurs turpitudes, afin de faire croire que leurs fautes sont même des actes honorables. »[1]

F 78 – Lactance, *Institutions divines*, V, 13, 20

C'est donc à juste titre que Sénèque reproche aux hommes leur inconséquence en ces termes : « À leurs yeux, la grandeur d'âme est la vertu la plus haute, et les mêmes tiennent pour fou celui qui méprise la mort : voilà en tout cas le comble de l'extravagance. »[2]

1. Cette accusation se retrouve ailleurs chez Sénèque (*De la vie heureuse*, XIII, 1-2 ; *Lettres à Lucilius*, XXI, 9), et elle vise d'abord certains Épicuriens infidèles à l'enseignement du maître ; mais elle peut concerner aussi des Stoïciens anonymes (*Lettres*, CXXIII, 15). L'ambiguïté du recours au plaisir dans la définition du souverain bien expose les Épicuriens à ce genre de critique, comme on le voit dans le traité *Des fins* de Cicéron (par exemple II, 7, 21 ; 9, 27).

2. Dans la continuité du fragment précédent, Sénèque dénonce cette fois une contradiction dans les opinions sans préciser la cible. Si la phrase introductive de Lactance désigne simplement les hommes, le texte cité de Sénèque se réfère à ceux qui mettent la grandeur d'âme au sommet des vertus, ce qui peut viser des Stoïciens : elle figure en bonne place dans divers textes du Portique, et Sénèque lui-même la met très haut (*eminentissima* dans la *Lettre* 115, 3 ; *pulcherrima* dans *La constance du sage*, XI, 1). Ces Stoïciens devraient donc admirer celui qui méprise la mort, comme Sénèque qui le répète à l'envi.

F 79 – Lactance, *Institutions divines*, III, 15, 13

« Le sage, dit encore Sénèque, ira jusqu'à faire des choses qu'il n'approuve pas, si par là il trouve le moyen d'atteindre des choses plus importantes ; il n'abandonnera pas les comportements honnêtes, mais il les adaptera aux circonstances, et les moyens dont les autres se servent pour la gloire ou le plaisir, il s'en servira pour réaliser ses actions. »[1]

F 80 – Lactance, *Institutions divines*, III, 15, 14

Ensuite, un peu plus loin : « Tout ce que font les amoureux du luxe et les ignorants, le sage le fera lui aussi, mais non de la même manière ni dans la même intention. »

F 81 – Lactance, *Institutions divines*, VI, 24, 16-17

Dans le premier livre du même ouvrage, Sénèque dit : « Que fais-tu ? Que machines-tu ? Que caches-tu ? Ton gardien t'accompagne.[2] Un tel, c'est un voyage qui t'en a privé, un autre c'est la mort, un autre la maladie : lui est fermement attaché à toi et ne te fait jamais défaut. Pourquoi choisir un endroit caché et éloigner les témoins ? Imagine que les circonstances ont fait que tu échappes aux yeux de tous ; pauvre fou, en quoi cela te profite-t-il que personne n'en sache rien quand toi tu en as parfaitement conscience ? »

1. Notre éditeur rappelle que ce fragment a été souvent cité et commenté, parce qu'il peut passer pour une autre justification de Sénèque face aux critiques dont il a été l'objet (voir F 77 : le philosophe infidèle aux principes qu'il défend). Il s'agit cette fois d'user de moyens sans valeur morale pour atteindre un but plus élevé. Ces moyens sont « indifférents » au sens stoïcien, et il n'est nullement question de renoncer aux « comportements honnêtes ». Un texte de *La constance du sage* illustre à sa manière le même problème (XIV, 2). Voir aussi *La vie heureuse*, XXIII.

2. Idée familière à Sénèque ; *cf.* notamment *Lettres à Lucilius*, 41, 1-2.

F 82 – Lactance, *Institutions divines*, III, 15, 1

Sénèque a été victime de la même erreur[1] (qui, à vrai dire, pourrait suivre la voie juste quand Cicéron se fourvoie ?), car il dit : « La philosophie n'est rien d'autre que la droite méthode de vivre, ou la science de vivre vertueusement, ou l'art de mener sa vie avec droiture. Nous ne ferons pas fausse route si nous disons que la philosophie est la loi d'une vie conforme au bien et à la vertu, et celui qui affirme qu'elle est la règle de la vie ne fait que lui rendre son bien. »

F 83 – Lactance, *Institutions divines*, III, 16, 15

Et Sénèque affirme : « Il y a moins de mille ans que la sagesse a fait ses premiers pas »[2].

F 84 – Lactance, *Institutions divines*, II, 8, 23

Sénèque, le plus pénétrant de tous les Stoïciens, a donc été plus clairvoyant, car il a bien vu que la nature n'est rien d'autre que Dieu. « Eh bien, dit-il, n'allons-nous pas louer dieu qui possède la vertu par nature ? (il ne l'a en

1. Que Cicéron, dont il a été question auparavant. Au cours de sa polémique contre les philosophes païens, Lactance exprime à l'occasion sa sympathie pour tel ou tel d'entre eux (Cicéron, Sénèque), mais leur adresse néanmoins un certain nombre de critiques, visant leur personne ou des traits de leur doctrine. Il est inutile d'entrer dans le détail de ces critiques, les passages de Sénèque cités par Lactance se suffisant à eux-mêmes. Les définitions de la philosophie ici rapportées s'inscrivent sans difficulté dans la tradition stoïcienne et font écho à d'autres formulations de Sénèque (p. ex. *Lettres*, 89, 4-6 ; 95, 7).

2. Les mille ans sont une façon de parler : Sénèque semble admettre ailleurs que le premier philosophe fut Thalès (*Questions naturelles*, III, 13, 1), mais il tient surtout à souligner que la philosophie est récente, en ce sens que les premiers hommes ont peut-être vécu dans l'innocence, mais sans posséder encore la sagesse ou la philosophie (*Lettres*, 90, 36 ; 44).

effet apprise de personne[1]). Si, bien sûr, nous le louerons ; car bien qu'elle lui appartienne par nature, c'est lui qui se l'est donnée, puisque la nature est dieu lui-même »[2].

F 85 – Lactance, *Institutions divines*, III, 25, 16

Dans l'énumération des esclaves devenus philosophes, ils mentionnent aussi Platon et Diogène, lesquels cependant n'étaient pas esclaves mais à qui il est arrivé de tomber dans l'esclavage après avoir été faits prisonniers[3]. Pour ce qui est de Platon, on rapporte qu'il a été racheté par un certain Annicéris[4] pour huit mille sesterces. C'est pour ce motif que Sénèque a adressé de vifs reproches à cet homme qui l'avait racheté, parce qu'il avait estimé Platon à un faible prix.

F 86 a – Lactance, *Institutions divines*, I, 5, 27

Dans ses *Exhortations*, il dit encore : « Quand dieu a jeté les premiers fondements de cette masse merveilleuse et entrepris une œuvre telle que la nature n'en connaît pas de plus grande ni de plus parfaite, alors, pour que les choses

1. *Cf.* Lettres, 95, 36 : les dieux n'ont appris aucune vertu puisqu'ils les avaient en naissant.

2. Entre autres formules de même sens chez Sénèque, cf. *Des bienfaits*, IV, 7, 1 ; 8, 2.

3. Platon et Diogène sont cités ailleurs par Sénèque pour illustrer l'idée que la servitude n'est pas incompatible avec la philosophie (*Lettres*, 47, 12). Que les esclaves en général puissent être philosophes, on peut le supposer d'après les affirmations répétées selon lesquelles on doit leur reconnaître la pleine humanité (*Des bienfaits*, III, 18, 2 *sq.*), et que la philosophie est ouverte à tous les êtres humains (*Lettres*, 44, 2 *sq.*). – Pour la servitude de Platon, voir Diogène Laërce, III, 18-21 ; pour celle de Diogène, voir Diogène Laërce, VI, 74 et Épictète, *Entretiens*, III, 24, 67 et IV, 1, 114.

4. Cet Annicéris est distinct d'Annicéris de Cyrène, contrairement à ce que dit ici Diogène Laërce. Voir *Dictionnaire des philosophes antiques*, I, p. 206.

aient chacune leur propre guide et bien qu'il se répandît lui-même à travers la totalité de la matière, il a néanmoins créé d'autres dieux comme ministres de son royaume »[1].

F 86 b – Lactance, *Institutions divines*, I, 7, 5

Et c'est à juste titre que Sénèque a affirmé dans ses *Exhortations*, comme je l'ai rapporté ci-dessus, que Dieu « a créé des ministres de son royaume ».

F 87 – Lactance, *Institutions divines*, I, 7, 13

C'est une chose que Sénèque, esprit pénétrant, a bien vue quand il dit dans ses *Exhortations* : « Nous dépendons d'autre chose. C'est pourquoi nous tournons le regard vers un autre, à qui nous devons ce qu'il y a de meilleur en nous. Un autre nous a mis au monde, un autre nous a équipés : dieu s'est créé lui-même. »

F 88 – Lactance, *Institutions divines*, VI, 25, 3

Bien préférable et plus proche de la vérité[2], ces propos de Sénèque : « Ne voulez-vous pas considérer dieu comme grand, serein, digne de respect pour sa majesté pleine de douceur, amical et toujours proche[3], un être qu'on doit honorer non par des sacrifices et des flots de sang (quel plaisir, en effet, tirer du massacre d'innocents[4] ?), mais par un esprit sans tache, des intentions droites et vertueuses ?

1. Ce texte suit immédiatement celui du F 61. Dans la théologie stoïcienne, la notion d'un dieu suprême n'exclut pas celle d'une pluralité innombrable de dieux particuliers (*cf.* R. Muller, *Les Stoïciens*, *op. cit.*, p. 104-106). Pour ce qui regarde Sénèque en particulier, comparer notamment avec *Questions naturelles*, VII, 30, 3-4 ; *Lettres*, 90, 28 ; 102, 21.

2. Lactance approuve ceux qui ont dit que le vrai culte ne consiste pas en offrandes mais réside dans la vertu.

3. Comparer *Lettres à Lucilius*, 41, 1.

4. *Cf.* ci-dessus F 68 et *Des bienfaits*, I, 6, 3.

Il ne faut pas lui bâtir de hauts temples en entassant des pierres : c'est son cœur que tout homme doit lui consacrer.

F 89 – Lactance, *Institutions divines*, VI, 24, 12

Sénèque a donné à ses *Exhortations* une admirable conclusion : « C'est, dit-il, une chose d'une grandeur indicible, au-delà de ce que nous pouvons concevoir, la divinité au soin de laquelle nous consacrons notre vie. Travaillons à la satisfaire[1]. Il ne sert à rien de renfermer notre conscience sur elle-même : nous sommes ouverts à dieu. »

XV. PHILOSOPHIE MORALE (T 90-F 96)

*Les fragments réunis dans ce groupe ne se réfèrent à aucun titre propre, l'ouvrage visé étant simplement désigné comme « philosophie morale » (*moralis philosophia*) ou « livres de morale » (*libri morales*). Ces expressions renvoient manifestement à la tripartition de la philosophie (de l'enseignement de la philosophie, plus exactement), en physique, logique ou dialectique et éthique. Cette division était assez commune à l'époque hellénistique ; Sextus[2] a pensé en trouver l'origine chez Platon, chez l'Académicien Xénocrate et chez les Péripatéticiens. Mais ce sont surtout les Stoïciens qui l'ont explicitement adoptée et lui ont assuré sa notoriété. Sénèque s'y rallie clairement[3]. Les différents représentants de la tradition stoïcienne n'accordaient pas la même importance à chacune de ces parties, étant entendu que, de toute manière, l'éthique*

1. Formule identique dans la *Lettre* 102, 29.
2. Sextus Empiricus, *Contre les mathématiciens*, VII, 1, 16.
3. *Lettres*, 89, 9. Voir aussi la suite (10-13) sur la position d'autres philosophes.

constitue pour tous la fin de la philosophie, et qu'en ce sens elle peut être considérée comme sa part essentielle.

Pour ce qui est de Sénèque plus précisément, la primauté du point de vue moral est manifeste dans toute son œuvre, et plusieurs des traités rencontrés précédemment dans notre recueil de fragments l'illustrent à leur manière (les numéros VII et X-XIII). Le philosophe a pourtant exprimé à plusieurs reprises son intention de composer un ouvrage plus ambitieux, qui aborderait de façon systématique l'ensemble de la réflexion éthique : c'est en tout cas ce qu'indiquent les fragments 90 et 91, empruntés aux Lettres *106, 108 ; et le fragment 92 (de la* Lettre *109) laisse entendre que l'ouvrage est achevé. Ce que signifie pour Sénèque « toute la partie morale de la philosophie » (T91) reste en partie indéterminé, mais on peut supposer que la division en trois chapitres exposée dans la* Lettre *89, 14-15 en présente le programme, à savoir : ce qui fait la valeur de toute chose, l'élan de l'âme*[1]*, les règles de l'action. Le premier point concerne manifestement la partie théorique, non au sens des fondements de la philosophie (objet des* Exhortations, *on l'a vu), mais la réflexion sur les bases de la morale (le bien, la vertu) ; le deuxième traiterait des facultés de l'âme qui dirigent la conduite ; le troisième, de l'application des deux premiers aux actions effectives. Dans les fragments conservés, le premier thème affleure en T90-T92, et peut-être le troisième en F94 et F96 ; mais il est impossible de faire des conjectures raisonnables sur l'ensemble de l'ouvrage*[2]*. – Quant à la date de cet ouvrage, on s'accorde*

1. *Impetus* (en grec : ὁρμή), une des quatre facultés de l'âme pour les Stoïciens ; *cf.* R. Muller, *Les Stoïciens*, p. 113.

2. Voir à titre indicatif l'hypothèse développée par F. Préchac dans l'Introduction de son édition des *Bienfaits*, p. XVII *sq.*

à le situer dans les dernières années, voire les derniers mois, de la vie de leur auteur.

T 90 – Sénèque, *Lettres à Lucilius*, 106, 1-3

Pourquoi donc ai-je tardé à te répondre ? C'est que la question que tu me posais entrait dans le contexte de l'ouvrage auquel je travaille. (2) Tu sais que j'ai l'intention de traiter de la philosophie morale dans son ensemble et de tirer au clair toutes les questions qui relèvent d'elle. Aussi me suis-je demandé si je devais te faire attendre jusqu'au moment où j'aborderais le point que tu soulèves, ou si je t'accorderais un tour de faveur : il m'a paru plus courtois de ne pas faire languir un homme qui s'adresse à moi de si loin. (3) Je vais donc extraire ce point de la série dans laquelle ces questions sont étroitement liées entre elles et, s'il s'en présente d'autres, je te les communiquerai de moi-même sans attendre ta demande. – Mais, me demandes-tu, de quoi s'agit-il ici ? De choses dont la connaissance apporte plus d'amusement que de profit ; telle ta question : le bien est-il un corps[1] ?

T 91 – Sénèque, *Lettres à Lucilius*, 108, 1 ; 39

Ta question[2] fait partie de celles dont l'intérêt se réduit à connaître la réponse. Puisqu'elle a néanmoins de l'intérêt, tu es pressé et ne veux pas attendre les livres que je suis justement en train de mettre en ordre et qui embrassent toute la partie morale de la philosophie.

… (39) Maintenant que j'ai terminé ce que je voulais te faire parvenir, je satisferai à ton désir et je mettrai

1. La question est longuement développée dans cette *Lettre* 106, 2-10, avec les mêmes réserves quant à l'intérêt de ce genre de problème.

2. Il s'agit de celle qui sera développée dans la *Lettre* suivante, voir T 92.

dans une seconde lettre[1] la totalité de ce que tu as exigé de moi, pour éviter que tu ne sois déjà fatigué au moment d'aborder un sujet épineux, qui réclame une attention en éveil et scrupuleuse.

T 92 – Sénèque, *Lettres à Lucilius*, 109, 1 ; 14 ; 17

(1) Tu veux savoir si le sage est utile au sage[2].

(14) Pour poursuivre mon argument, je dois passer de cette question à une seconde. On demande si le sage délibérera seul ou s'il fera appel à quelqu'un pour le conseiller.

(17) Je me suis acquitté de la tâche que tu réclamais de moi, alors que ce point avait sa place dans l'ordre des questions traitées dans les volumes de ma philosophie morale. Pense à ce que je te répète fréquemment : en tout cela nous ne faisons rien d'autre que d'exercer notre subtilité.

F 93 – Lactance, *Institutions divines*, I, 16, 10

Ce n'est pas sans esprit que s'exprime Sénèque dans ses ouvrages de philosophie morale quand il dit : « Pour quelle raison ce Jupiter que les poètes décrivent comme fort libidineux a-t-il cessé d'avoir des enfants ? Est-ce parce que la loi Papia lui a imposé une fibule[3] ? Ou bien

1. En l'occurrence la *Lettre* 109 ; voir T 92.

2. Question semblable à celle que Sénèque examine dans le traité *Des bienfaits*, VII, 4 : « Comment peut-on donner quelque chose au sage si tout lui appartient ? » Dans les deux cas la réponse est positive pour Sénèque et la tradition stoïcienne, et se rattache à ce qu'on appelle « la communauté des sages », ironiquement évoquée par Plutarque, *Des notions communes contre les Stoïciens*, 22. Même attitude pour la seconde question, comme on voit dans la suite de la *Lettre* 109 (14-16).

3. Loi édictée en 9 ap. J.-C., destinée à combattre le déclin démographique. Elle sanctionnait les célibataires et les hommes mariés sans enfants, en excluant néanmoins les hommes de 60 ans

avait-il obtenu de bénéficier du droit accordé aux pères de trois enfants[1] ? Ou encore lui est-il finalement venu à l'esprit la maxime qui dit : "Tu dois attendre d'autrui ce que tu as fait à autrui", et craint-il que quelqu'un le traite comme il a traité Saturne[2] ? »

F 94 – Lactance, *Institutions divines*, II, 2, 14-15

Par conséquent Sénèque, dans ses ouvrages de morale, a raison de déclarer : « On vénère les statues des dieux, on les supplie à genoux, on les adore, on reste assis ou debout devant elles la journée entière, on leur jette des offrandes et on leur sacrifie des victimes ; et tout en levant les yeux vers elles avec tant d'ardeur, on méprise les ouvriers qui les ont faites. (15) Qu'y a-t-il de plus contradictoire que de mépriser le statuaire et d'adorer la statue, de ne pas même admettre à ta table celui qui te fabrique tes dieux[3] ? »

F 95 – Lactance, *Institutions divines*, II, 4, 14

C'est donc à juste titre que Sénèque se moque aussi de la stupidité des vieillards en disant : « Il n'est pas vrai, comme on l'affirme couramment, que nous sommes deux

et plus (dans l'idée qu'ils n'étaient pas en mesure d'engendrer). Cette première explication signifierait donc que Jupiter était désormais trop vieux. La mention de la fibule est plus obscure : s'il s'agit d'un moyen contraceptif masculin, elle est inutile si l'on juge les hommes âgés incapables de procréer ; il s'agit peut-être simplement pour Sénèque de redoubler l'explication de la stérilité de Jupiter.

1. Les mêmes dispositions légales accordaient divers privilèges aux pères de trois enfants.

2. Jupiter ayant détrôné son père Saturne (Hésiode, *Théogonie*, 490), il se serait abstenu d'avoir de nouveaux enfants pour ne pas subir le même sort de la part de l'un d'eux.

3. Comparer ci-dessus les fragments du traité *De la superstition*, F 64 *sq.*

fois enfants, nous le sommes toujours ; mais la différence est que nos jouets sont plus grands »[1].

F 96 – Lactance, *Institutions divines*, VI, 17, 28

Vraie également la réflexion faite par Sénèque dans ses livres de philosophie morale : « L'homme de mérite, ce n'est pas celui qui se distingue par le bonnet des flamines ou par la pourpre ou par les licteurs qu'il a à son service, mais celui que rien ne peut vaincre : l'homme qui à l'approche de la mort n'est pas troublé comme s'il était confronté à un événement inattendu ; l'homme qui, contraint de subir la torture par tout le corps, ou d'avaler des substances incandescentes[2] ou d'étendre les bras sur la croix ne s'inquiète pas de savoir quel supplice l'attend, mais se demande comment il va le supporter honorablement. »

XVI. La vie de mon père (F 97)

Le père de Sénèque, Sénèque l'Ancien (vers 55 avant J.-C. – v. 39 après), est désigné parfois – mais à tort – comme Sénèque le Rhéteur parce qu'il a publié une anthologie de déclamations des rhéteurs de son temps, réunies sous les titres de Controverses *et de* Suasoires *(ou* Conseils*). Ces textes sont les seuls qui nous ont été conservés, à la différence de l'*Histoire *mentionnée par son*

1. Référence à un proverbe grec : « Les vieillards sont enfants une deuxième fois (*cf.* Aulu-Gelle, VII, 5, 10). Un passage de la *Constance du sage* (XII, 2) illustre parfaitement la pensée de Sénèque : les adultes en général, et non seulement les vieillards, jouent comme les enfants mais avec des jouets plus considérables (l'or, les magistratures, etc.).

2. Allusion probable à Manius Aquillius à qui Mithridate a imposé de boire de l'or fondu (Pline l'Ancien, XXXIII, 48 ; Appien, *La guerre de Mithridate*, 21). Les exemples d'épreuves du genre de celles évoquées par Sénèque, et dont l'homme accompli ou le sage triomphe sont presque des lieux communs dans les écrits stoïciens.

fils dans le présent fragment et dont seuls subsistent deux fragments[1]. *Le genre littéraire des Vies avait connu une certaine fortune chez les Latins, mais il ne nous reste que la* Vie de Julius Agricola *de Tacite*[2]. *L'initiative de Sénèque le Fils n'a donc rien d'exceptionnel. L'unique témoignage qu'il nous livre sur l'ouvrage qu'il lui a consacré nous informe sommairement d'une part sur le contenu de l'*Histoire *du père, et d'autre part sur son propre travail d'éditeur des ouvrages de son père et d'auteur de la* Vie, *écrite, dit-il, pour satisfaire la curiosité des lecteurs quant à la famille de Sénèque l'Ancien. La date généralement acceptée pour la rédaction de cette* Vie *se situerait peu après la mort du père.*

*Pour le texte de ce fragment, même origine que l'*Amitié, *F 58-60, ci-dessus p. 46.*

F 97 – Sénèque, § 1-2

(1) Si tous les écrits que mon père a rédigés et tenu à éditer se trouvent déjà entre les mains du public par mes soins, on peut dire qu'il a suffisamment pourvu lui-même à donner du lustre à son nom ; en effet, si la piété filiale ne m'abuse (si c'est le cas, l'erreur est honorable), il devrait être compté parmi ceux que leur esprit rend dignes de la célébrité pour la pureté et l'éclat de leur mérite. (2) Quiconque en serait venu à lire son *Histoire*, qui part du début de la guerre civile (un temps où la vérité a commencé à se retirer du monde), et qu'il a poursuivie quasiment jusqu'au jour de sa mort, celui-là jugerait important de savoir qui étaient les parents de l'homme qui <a raconté> l'histoire de Rome…

1. Lactance, *Institutions divines*, VII, 15, 14-16 ; *cf.* Suétone, *Vie de Tibère*, 73, 2.

2. En dehors des *Vies* de Suétone, qui relèvent de l'Histoire.

XVII. ULTIMES PAROLES ET TESTAMENT (T 98-T 99)

Sous ce titre, l'éditeur réunit trois courts extraits de Tacite concernant la mort de Sénèque. Le troisième ne fait que rapporter succinctement les dispositions que le philosophe avait prises pour ses funérailles ; mais les deux premiers, tout aussi brefs, ont suscité maints commentaires. Ils mentionnent un texte que Sénèque aurait dicté à ses secrétaires juste avant de mourir, sans cependant fournir la moindre indication sur son contenu. Tacite justifie ce silence en ajoutant que le texte en question a été publié et qu'il serait par suite vain de vouloir le réécrire. Cette explication n'a pas convaincu tous les interprètes, qui ont avancé plusieurs hypothèses pour rendre compte de la décision de Tacite[1] *et tenter de combler cette lacune. Parmi ces hypothèses plus ou moins convaincantes*[2], *celle de l'éditeur de nos fragments mérite peut-être d'être relevée : si comme dit le fragment T 98 a, Sénèque a fait preuve en cette circonstance de son éloquence habituelle, on peut imaginer qu'il prononcé ou dicté un discours solennel et soutenu, semblable aux propos que Tacite rapporte un peu plus haut (XV, 62), lorsque le philosophe s'adresse aux amis réunis autour de lui dans ses derniers instants*[3].

1. Selon P. Grimal (*Tacite*, Paris, Fayard, 1990, p. 345) l'excuse invoquée par Tacite est peu convaincante parce que l'historien a bien consenti à réécrire un discours de Claude pourtant accessible au public (*Annales*, XI, 24). Ce serait plutôt par une sorte de pudeur devant une mort aussi exemplaire qu'il se serait abstenu dans le cas de Sénèque.

2. Certains ont supposé que le « discours » en question se confond avec l'Épitaphe prétendument composée par Sénèque lui-même qu'on trouve dans les *Épigrammes* (voir ci-après, p. 119).

3. L'édition de Vottero, p. 84.

T 98 a – Tacite, *Annales*, XV, 63, 3

Et conservant toute son éloquence même en ce dernier moment[1], Sénèque fit venir des secrétaires et leur dicta un long texte ; comme on l'a publié en reprenant ses paroles à la lettre, je renonce à le transcrire à ma façon.

T 98 b – Tacite, *Annales*, XV, 67, 3

J'ai rapporté ses propres paroles[2] parce que, à la différence de celles de Sénèque, elles n'ont pas été publiées.

T 99 – Tacite, *Annales*, XV, 64, 4

Le corps de Sénèque fut brûlé sans aucune cérémonie funèbre : il l'avait ordonné ainsi en un temps où, encore très riche et très puissant, il avait pris des mesures en vue de ses derniers instants.

XVIII. ÉCRITS NON IDENTIFIÉS (T 100-F 102)

1. T 100-101

Le fait que Pline mentionne Sénèque parmi les sources de son livre sur les animaux aquatiques a conduit divers interprètes à attribuer à notre philosophe un traité De la nature des poissons *(*De piscium natura*)*[3]. *Mais l'argument est faible : Pline ne cite pas de titre, c'est le précédent éditeur des fragments, Haase*[4], *qui l'a introduit ; il est tout à fait possible que Sénèque ait incidemment parlé des poissons quelque part, tout comme il évoque souvent*

1. Au moment de se donner la mort.
2. Il s'agit de Subrius Flavus, interrogé par Néron après la découverte de la conjuration contre l'Empereur.
3. Voir P. Grimal, *Sénèque*, Paris, Fayard, 1991, p. 308-309.
4. Introduction, ci-dessus p. 8.

d'autres animaux dans les œuvres que nous connaissons[1]. *Et l'autorité que Pline reconnaît ailleurs à Sénèque*[2] *suffit à expliquer qu'il le cite ici.*

La question d'un éventuel traité sur la nature des pierres se heurte aux mêmes objections et aux mêmes commentaires. On remarque pareillement que dans les ouvrages subsistants on relève plusieurs indications qui témoignent de ce que le philosophe s'est intéressé de près à la connaissance des pierres[3].

2. F 102

Dans un débat sur l'attitude à adopter vis-à-vis des pécheurs, Augustin est amené à citer une maxime de Sénèque qui va dans le sens de l'attitude chrétienne prônant le pardon. Cette maxime ne figure pas textuellement dans les ouvrages connus du philosophe, mais elle s'accorde avec ce qu'on lit, par exemple, dans La colère : *« Ce n'est pas d'un homme raisonnable de haïr les égarés ; autrement il sera odieux à lui-même »*[4]. *Les citations du traité* De la superstition *qu'Augustin a insérées dans* la

1. Sur les poissons, voir *Questions naturelles*, III, 19. Plus généralement, cf. *De la brièveté de la vie*, I, 2 ; *Consolation à Marcia*, XXI, 4.

2. Pline, *Histoire naturelle*, XIV, 51.

3. Par exemple les *Lettres à Lucilius*, 86, 6 ; *Questions naturelles*, III, 20, 3-4 ; 25, 12.

4. Sénèque, *De la colère*, I, 14, 2, trad. A. Bourgery. Ou encore : « Nous sommes tous méchants » (*ibid.*, III, 26, 4). La comparaison avec les malades se retrouve dans le même ouvrage I, 15, 1 et II, 10, 7. On ne dira pas pour autant que les raisons de Sénèque se confondent avec la doctrine chrétienne, comme tend à le suggérer Augustin : pour cette dernière, c'est l'exemple de Jésus pardonnant à la pécheresse qui est décisif (*Evangile de Jean*, 8, 2-11) ; pour le philosophe, c'est la conception du sage, dont la vertu est incompatible avec toute forme de haine ou d'irritation.

Cité de Dieu *(F65-74) montrent qu'il pouvait avoir accès à des textes de Sénèque, et il est permis de penser que c'était le cas en l'occurrence. La maxime rapportée dans le fragment F102 peut ainsi être issue d'un traité perdu, ou bien empruntée à un recueil de sentences attribuées, à tort ou à raison, à Sénèque.*

T 100 a – Pline l'Ancien, *Histoire naturelle*, I, Index du livre IX

Contenu du livre IX : la nature des animaux aquatiques.
Auteurs : ... Sénèque...

T 100 b – Pline l'Ancien, *Histoire naturelle*, IX, 167

Pour ce qui est de la durée de la vie des poissons, nous avons dernièrement eu connaissance d'un cas mémorable. Il y a en Campanie, non loin de Naples, une propriété du nom de Pausilype ; Annaeus Sénèque rapporte qu'en ce lieu, dans les viviers impériaux, un poisson qu'y avait introduit Vedius Pollion[1] est mort après avoir vécu plus de soixante ans, et que deux autres individus de la même espèce étaient toujours vivants au même âge.

T 101 – Pline l'Ancien, *Histoire naturelle*, I, Index du livre XXXVI

Contenu du livre XXXVI : la nature des pierres...
Auteurs : ... Sénèque...

F 102 – Augustin, *Lettres*, CLIII, 14

Sénèque, qui vécut au temps des apôtres (et dont on peut par ailleurs lire des lettres adressées à l'apôtre Paul[2]) a raison de dire : « Il hait tout le monde, celui qui hait les

1. Sur Pollion, célèbre notamment pour sa cruauté et qui avait un vivier peuplé de murènes, voir Sénèque, *De la colère*, III, 40, 2-4 et *De la clémence*, I, 18, 2 (= III, 16, 2 dans les Belles Lettres).

2. Lettres fictives, voir F 65.

méchants. » Il faut aimer les méchants, quoi qu'il en soit, justement pour qu'ils cessent d'être méchants, tout comme on aime les malades, non pour qu'ils le restent, mais pour qu'ils guérissent.

INTRODUCTION

LES *ÉPIGRAMMES* ATTRIBUÉES À SÉNÈQUE

Dans l'Introduction aux Fragments, il a été fait état d'un ensemble d'Épigrammes attribuées à Sénèque, mais généralement considérées comme non authentiques, et pour cette raison ne figurant pas parmi les œuvres éditées sous son nom. Elles ont d'ailleurs été rarement publiées et restent difficiles d'accès, que ce soit dans l'original ou en traduction. C'est le sort commun des œuvres d'authenticité douteuse, privées de lecteurs en dépit de l'intérêt qu'elles peuvent susciter. La présente traduction des Fragments fournit l'occasion de combler cette lacune pour ce qui est de Sénèque, sans qu'il soit nécessaire de trancher la question de l'authenticité.

Ce qui se présente aujourd'hui comme « Les Épigrammes attribuées à Sénèque » est l'aboutissement d'une série de travaux philologiques effectués sur des manuscrits médiévaux contenant des poèmes latins. Réunis (à partir du XIXe siècle) sous le nom d'*Anthologia latina*, ces poèmes sont en partie anonymes, en partie attribués à divers auteurs mais sans garantie d'authenticité. La tradition a ainsi réuni peu à peu un ensemble de pièces sous le nom de Sénèque, soit que ce nom figure dans les manuscrits, soit qu'on ait tiré parti d'indices puisés dans le contenu des poèmes. Dans les éditions les plus récentes, la collection comprend 72 pièces de longueur très inégale, de 2 à 66 vers, se suivant dans un ordre apparemment arbitraire, alors que la récurrence d'un certain nombre de thèmes autorise plusieurs regroupements. Ces thèmes sont les suivants :

– sujets directement en rapport avec la personne de Sénèque (son exil en Corse ; sa famille ; amis et ennemis) ;

– le thème philosophique de la vie heureuse ;

– sujets historiques (Pompée, Caton, Claude et la conquête de la Grande Bretagne, la Grèce) ;

– poèmes érotiques.

Ces poèmes sont majoritairement écrits en distiques élégiaques ; seuls trois d'entre eux sont composés d'une suite d'hendécasyllabes, les numéros 52, 53 et 67[1].

Les *Épigrammes* sont disponibles aujourd'hui dans une édition relativement récente, due à Joachim Dingel et parue en 2007. Elle contient : Introduction, texte critique, traduction allemande et Commentaire détaillé de chaque pièce. On peut se reporter aussi à deux éditions antérieures, moins développées mais non dépourvues d'intérêt, celle de Léon Herrmann et celle de Carlo Prato[2]. On doit signaler enfin qu'il existe sur Internet une publication des

1. Un distique élégiaque est formé de l'association d'un hexamètre dactylique et d'un pentamètre dactylique. L'hendécasyllabe est un vers de onze syllabes.

2. J. Dingel, *Senecas Epigramme und andere Gedichte aus der Anthologia Latina. Ausgabe mit Übersetzung und Kommentar*, Heidelberg, Winter Verlag, 2007 ; L. Herrmann, *Douze poèmes d'exil de Sénèque et vingt-quatre poèmes de Pétrone regroupés et traduits*, Berchem-Bruxelles, 1955 ; Carlo Prato, *Gli epigrammi attribuiti a L. Anneo Seneca*, Roma, Ed. dell'Ateneo, 1964. Comme le titre l'indique,

72 poèmes accompagnés d'une traduction française et d'un commentaire[1]. La présente traduction a été faite sur le texte de Dingel.

L'intérêt de cette collection d'épigrammes dépend en grande partie, mais non uniquement, du nombre de celles qu'on peut éventuellement attribuer à Sénèque. Personne, semble-t-il, ne soutient que l'intégralité du recueil puisse être de lui ; quelques-uns jugent qu'aucune pièce n'est de sa main. D'autres enfin, en s'appuyant sur certaines parentés stylistiques avec les tragédies, ou sur des allusions au ton très personnel à la vie de celui qui écrit, estiment qu'il n'est pas interdit de reconnaître la paternité de Sénèque ici ou là. Cette dernière hypothèse a au moins le mérite de piquer la curiosité du lecteur : on sait par Pline que Sénèque a écrit « de petits vers peu sérieux » dont on n'a aucune trace par ailleurs[2], et il est dès lors tentant d'en chercher des échantillons parmi les *Épigrammes*. Quoi qu'il en soit, ces poèmes ne manquent pas de qualités du simple point de vue littéraire. À côté des œuvres comparables de Martial ou d'Ovide, par exemple, ils sont loin de faire mauvaise figure, et quelques-uns d'entre eux se révèlent d'incontestables réussites. Chose dont malheureusement la traduction ne donne qu'un faible aperçu, comme c'est

le livre de L. Herrmann a un objet légèrement différent et ne contient pas les 72 poèmes.

1. *Les épigrammes attribuées à Sénèque* : Introduction, traduction et commentaire par Stéphane Mercier, « *Folia electronica classica* », vol. 12 (2006). Parmi les publications partielles, on peut signaler pour information la dizaine d'Épigrammes ajoutées aux traductions de François et Pierre Richard, Sénèque, *Traités philosophiques*, vol. II, Paris, Garnier, 1934.

2. Ci-dessus fragment T 14 (et aussi : Quintilien, frag. T 1, 129; Tacite, frag. T 4a).

souvent le cas pour les textes poétiques ; peut-être incitera-t-elle néanmoins le lecteur à se tourner vers l'original.

Pour la commodité de la lecture et à l'exemple d'autres éditeurs ou traducteurs, on a placé en tête des poèmes des titres, qui en l'occurrence sont dus au traducteur.

ÉPIGRAMMES

1. Fin du monde

Le temps vorace dévore tout, broute tout,
Déplace tout, ne permet à rien de durer.
Les fleuves perdent leur force, la mer se retire
et met les rivages à sec,
Les montagnes s'abaissent et les cimes élevées s'effondrent.
Pourquoi parler de choses aussi banales ?
La somptueuse voûte du firmament[1]
Sera soudain dévorée par ses propres flammes[2].
La mort revendique tout ; mourir est la loi, non un châtiment ;
Un jour ce monde ne sera plus.

2. Prière à la Corse

Corse, terre où s'est établi le colon de Phocée[3],
Corse qui portais le nom grec de Cyrnos,
Corse moins longue que la Sardaigne, plus étendue
que l'île d'Elbe,
Corse parcourue de fleuves poissonneux,
Corse redoutable dès les premiers feux de l'été,

1. *Moles pulcherrima*, comme dans le fragment F 86a ci-dessus.

2. Référence à la théorie stoïcienne de l'*ekpyrosis*, l'embrasement final du monde, mais d'un ton très différent : pessimiste ici (et dans l'ensemble du poème), alors que la physique stoïcienne en fait une thèse optimiste, l'embrasement étant suivi d'une rénovation ou régénération du monde ; voir par exemple Sénèque, *Consolation à Marcia*, 26, 6 ; *Lettre à Lucilius*, 71, 14.

3. Phocée, ville d'Ionie d'où sont partis des colons vers Cyrnos, ancien nom de la Corse. Voir Hérodote, I, 163 *sq.*

Plus cruelle encore quand la féroce canicule
montre son visage,
Épargne les exilés, je veux dire : épargne
ceux qui déjà sont inhumés ici.
Et qu'à la cendre des vivants ta terre soit légère.

3. Corse sauvage

Sauvage, la Corse est entourée de roches abruptes,
Terre accidentée, désolée, de toutes parts des déserts.
L'automne n'y produit pas de fruits ni l'été de moissons,
Et le blanc hiver y est privé du don de Pallas[1].
Aucune production ne vient égayer le pluvieux printemps,
Aucune herbe ne pousse sur son sol maudit.
Pas de pain, pas d'eau à puiser, pas d'ultime foyer[2],
On n'y trouve que deux choses : l'exilé et l'exil.

4. Le soir

Déjà Phébus[3] a précipité dans les flots gonflés
ses brillants rayons
Pour y renouveler dans le fleuve de Téthys[4]
son flambeau épuisé.
Phébé s'élève vers les astres, transportée par de jeunes
taureaux blancs comme neige,
Et de la voûte céleste tombe une douce torpeur.
* * * * * * * * *[5]
Les agneaux craintifs s'ébattent en mouvements tremblants,
Et une liqueur laiteuse nourrit ces animaux
d'une blancheur de lait[6].

1. L'olivier.
2. Le bûcher funéraire.
3. Apollon, c'est-à-dire ici le soleil ; Phébé au vers 3 : la lune.
4. L'océan.
5. Avec d'autres éditeurs, Dingel suppose ici une lacune pour expliquer la brusquerie de la transition avec les deux derniers vers.
6. Comparer Lucrèce, I, 260 *sq.*

5. L'expédition de Xerxès (I)

[Voici le grand Xerxès. Tout l'univers accompagne sa marche.
Pourquoi, ô Grèce, hésites-tu à porter son joug ?] [1]
La terre exécute ses ordres, ses flèches ont dérobé le ciel à la vue,
Les traits des Perses cachent la clarté du jour.
L'Athos creusé a vu des flottes en son sein,
Les eaux de Phrixos [2] reçoivent l'ordre de porter le fantassin.
Quel homme que ce nouveau maître qui bouleverse la terre, le ciel et la mer !
Aucun doute : le règne de Jupiter sur le monde a pris fin.

6. Avertissement d'un mort (I)

Qui que tu sois, toi qui fouilles la gorge d'un ennemi abattu,
Tu trouves que je ne suis pas encore assez misérable ?
Écarte-toi de l'homme percé de coups. Un vainqueur injuste
Souvent a reçu un coup mortel de la main d'un mort.

1. Le sujet de cette épigramme se retrouve sous le n° 50, mais en 4 vers seulement. Dingel estime que le n° 5 est une amplification du n° 50, et que la reprise des deux premiers vers dans le n° 5 n'est pas justifiée. – Les deux poèmes se réfèrent à l'expédition du roi de Perse Xerxès lors de la seconde guerre médique, au cours de laquelle il a fait traverser l'Hellespont par son armée grâce à un pont de bateaux, et fait percer l'Athos pour y faire transiter ses vaisseaux (Hérodote, VII, 22 *sq.*). Cet exemple souvent cité est l'objet de jugements variés, tantôt déplorant la folle démesure de Xerxès (Eschyle, *Perses*, 719-725 ; Isocrate, *Panégyrique*, 89), tantôt admirant le génie et l'audace des constructeurs (Hérodote, VII, 22-25 ; 33-36 ; *cf.* Cicéron, *Des fins*, II, 112). La particularité des deux épigrammes « sénèquiennes » est qu'elles gardent le silence sur l'échec ultérieur de l'expédition de Xerxès, échec qui devrait atténuer leur ton triomphaliste.

2. Phrixos et sa sœur Hellé voyageant tous deux dans les airs sur le dos du bélier à la toison d'or, Hellé tombe dans la mer ; d'où le nom Hellespont (« Mer d'Hellé »).

7. Caton vainqueur

Caton, invaincu au milieu de ton parti vaincu,
il n'a pu te vaincre
Toi, ce César qui a pu tout vaincre[1].

8. La main de Caton (I)

Caton n'a pu s'ôter la vie au premier coup :
La sévérité de la blessure a fait que sa main l'a trahi.
Alors il introduisit plus profondément ses doigts :
et pour permettre à sa grande âme
De s'en aller, sa main droite a ouvert une large voie.
La Fortune a fait obstacle pour retarder l'effet :
Elle voulait nous apprendre que la main de Caton
fut plus forte que le fer[2].

9. La main de Caton (II)

Ayant reçu l'ordre de profaner le sein de l'auguste Caton,
La main s'est arrêtée et, vaincue, abandonna
l'acte commencé.
Lui alors, tournant vers sa blessure un visage hostile, s'écrie :
« Y a-t-il quelque chose de grand que Caton n'a pu réaliser ?
Ô ma droite, tu hésites ? Est-il difficile de tuer Caton ?
Mais ainsi il sera libre ! Alors, je pense, tu n'hésites plus.
Du vivant de Caton, il n'est permis à personne d'être esclave,
À lui-même moins qu'à un autre : Caton est vainqueur
à présent s'il meurt. »

1. Caton s'est suicidé en 46 av. J.-C. à Utique, après la défaite des Pompéiens à Thapsus. Figure prestigieuse et modèle du républicain intransigeant face à César et à son parti, il est plusieurs fois mentionné dans nos *Épigrammes* ; après Cicéron (*Des fins*, III), Sénèque n'hésite pas à le mentionner comme modèle du sage stoïcien (*cf.* un passage proche de la présente épigramme dans la *Lettre* 71, 8).

2. Du même épisode, Sénèque fait un commentaire un peu différent mais tout aussi provocateur dans le traité de la *Providence*, II, 11 (les dieux ont volontairement fait manquer son geste à Caton pour pouvoir le contempler dans une épreuve plus difficile).

10. Les tombes des Pompée (I)

Ô Magnus[1], tu pèses sur la Libye, et tes vaillants enfants,
gages de ta tendresse,
Sur l'Europe et l'Asie : d'aussi grands noms gisent à terre !
Aussi loin que la Fortune a répandu vos triomphes,
Aussi loin, Magnus, elle a dispersé les cadavres de ta famille.

11. Les tombes des Pompée (II)

Pompée avait traversé le monde entier en vainqueur,
Mais en vaincu il gît de nouveau à travers le monde entier :
Le père a déposé ses membres
dans un tombeau libyen mal couvert ;
Un des fils est à peine recouvert par la terre d'Espagne ;
Toi Sextus, c'est l'Asie que le sort te donne.
La ruine a été divisée :
Trop grande, elle n'a pu occuper un seul continent[2].

12. Les tombes des Pompée (III)

L'Asie, l'Europe et l'Afrique recouvrent chacune un Magnus :
Comme elle est grande la maison qui s'est écroulée,
si elle gît par toute la terre !

13. Tombe de Pompée (ou de Caton) ?

Le plus grand dommage de la guerre civile gît ci-dessous :
Tu es si grand qu'une petite (si petite !) tombe
te couvre à peine !

1. Les numéros 10-12 concernent les dépouilles de Pompée et de ses deux fils. Le père a été assassiné en Égypte en 48 av. J.-C. mais on ne sait s'il y a été inhumé ni, le cas échéant, en quel lieu ; Cnaeus est mort en Espagne et Sextus à Milet, respectivement en 45 et 35 av. J.-C. En poésie, la Libye désigne ordinairement le continent africain.

2. On trouve dans Martial, *Épigrammes*, V, 74 un texte très proche, sans qu'on puisse savoir lequel des deux auteurs s'est inspiré de l'autre. *Cf.* aussi Sénèque, *Lettres à Lucilius*, 71, 9.

14. À l'ami Crispus

Crispus[1], ma force, mon ancre dans la détresse,
Crispus, toi qui te serais distingué au forum d'autrefois,
Crispus, toi qui n'as jamais usé de ton pouvoir
que lorsque tu voulais être utile,
Rivage et terre où je trouve refuge quand je fais naufrage,
Mon unique gloire, et citadelle la plus sûre,
Et à présent seul repos de mon âme affligée,
Crispus, cher et fidèle ami, vertu pleine d'énergie paisible,
Dont le cœur regorge du miel de Cécrops[2],
Gloire suprême de ton éloquent aïeul et de ton père,
Toi dont il suffit d'être privé pour se sentir en exil :
Me voici gisant, accroché aux rochers
de la terre cantabrique[3];
Mais mon esprit est auprès de toi, lui qu'aucune terre
ne saurait retenir.

15. Évocation de l'ombre de Pompée

Habitué à scruter le destin dans les entrailles humaines,
Pius, poussé à l'impiété par des croyances monstrueuses[4],
A placé sur les flammes les viscères palpitants retirés du sein
d'un homme libre;
Par une incantation magique il a entrouvert la terre,

1. Sallustius Crispus Passienus, consul sous Tibère puis sous Claude. Orateur, cité par Quintilien VI, 1, 50 et par Tacite, *Annales*, VI, 20. Les allusions à l'exil et au talent d'orateur du personnage incitent à attribuer cette épigramme à Sénèque.

2. Premier roi d'Athènes. Le miel de l'Attique était réputé. La comparaison de l'éloquence avec la douceur du miel remonte à Homère (*Iliade*, I, 249); *cf.* Cicéron, *De la vieillesse*, X, 31.

3. La Corse; *cf.* Sénèque, *Consolation à Helvia*, VII, 9.

4. Vers diversement restitué. Dingel écrit : *Impius infanda religione Pius* (Pius étant un surnom de Sextus Pompée). Dingel invoque le passage de Lucain, VI, 419 *sq.*, où le fils aîné de Pompée consulte une sorcière sur le sort de son père (encore vivant à ce moment). Dans d'autres restitutions, c'est un prêtre impie (*impius... apex*) qui officie.

Ayant osé évoquer Pompée des Champs Elysées,
(quelle honte !) pour que Magnus assiste à ce sacrifice !
Insensé, pourquoi chercher Pompée parmi les ombres infernales ?
Cette grande âme, la terre n'a pu la contenir[1].

16. Dangers de l'amitié (I)

« Vis, et fuis l'amitié des rois. » Piètre conseil que tu me donnais là :
C'était l'écueil le plus redoutable, non le seul cependant.
Vis, et fuis les amitiés trop brillantes,
Et tout ce qu'on honore de façon trop évidente.
Les puissants seigneurs, les noms illustres,
Les maisons qui en imposent par le lustre de leur noblesse,
Évite-les, et passe ta vie loin d'eux[2] ; réduis les voiles,
Et laisse-toi porter par une barque le long du rivage.
Préserve toujours l'humilité de ta condition,
Et fréquente tes pairs. C'est des hauteurs que s'abat la lourde catastrophe.
Les grandes choses se marient mal avec les petites :
Si elles restent debout, elles pèsent sur elles ; si elles s'écroulent, elles les emportent avec elles.

17. Dangers de l'amitié (II)

« Vis et fuis toute amitié : conseil plus pertinent
Que le précédent : « Vis et évite » uniquement « l'amitié des rois ».
Ma mort en témoigne : un ami plus puissant que moi m'a abattu,

1. Parce que le grand homme est élevé aux cieux.

2. *Longe vivus cole*, selon le manuscrit, conservé et justifié par Prato. Dingel remplace *vivus* par *visus* (« honore-les de loin, ne te faisant voir que de loin »), avec de bons arguments mais sans que l'idée soit fondamentalement différente.

Un ami plus faible m'a abandonné. Il faut aussi se garder
d'une foule d'autres;
Car ceux qui étaient mes égaux ont fui au bruit
de ma ruine prochaine,
Ils ont abandonné ma maison sans attendre qu'elle s'écroule.
Va donc, et ne fuis que les rois! Si tu as appris à vivre,
Ne vis que pour toi; car tu mourras pour toi.

18. À Cordoue, sa patrie

Cordoue[1], dénoue tes cheveux et affiche un visage de deuil;
Avec des larmes remplis ton devoir envers ma cendre.
Pleure à présent de loin, Cordoue, ton poète,
Cordoue qui dans le passé n'as jamais été affligée davantage :
Ni au temps où le jeu des forces d'un univers bouleversé
Firent tomber sur toi tous les désastres de la guerre,
Et qu'accablée par une double calamité tu étais détruite
par les deux partis,
Exposée à l'hostilité et de Pompée et de César;
Ni quand des cadavres par milliers
Te furent apportés, hélas, en une seule nuit,
nuit qui fut pour toi la dernière[2];
Ni quand le brigand lusitanien[3] ébranla tes murs,
Brandit sa lance et la ficha dans tes portes.
Moi qui fus autrefois un grand citoyen et la gloire de ta ville,
Me voici cloué sur un rocher[4]. Cordoue dénoue tes cheveux,
Et estime-toi heureuse que la nature te baigne
du lointain l'océan :
Tu sentiras cette douleur plus tard.

1. Ville natale de Sénèque. Cette Épigramme prend pour cadre l'exil de Sénèque en Corse.

2. Les vers 5-8 renvoient clairement aux calamités de la guerre civile. La « dernière nuit » des vers 9-10 semble faire référence à la prise de Cordoue au temps de la bataille de Munda (45 av. J.-C.).

3. Allusion probable à Viriathus (appelé « chef des brigands » dans Velleius Paterculus, II, 1) qui déclencha le soulèvement de l'Espagne en 147 av. J.-C.

4. La Corse, *cf.* Épigramme n° 3.

19. Avertissement d'un mort (II)

Qui que tu sois (je dirai ton nom, la douleur
nous force à tout oser),
Toi qui piétines à présent ma cendre en ennemi,
Et non content de me voir tomber si lourdement et si soudain
Brandis tes traits sanglants contre un homme mort,
Crois-moi, la nature a départi des forces aux tombeaux :
L'ombre venge sa sépulture.
Crois-moi, ô Envie, les dieux eux-mêmes
te disent maintenant ceci,
Crois-moi, mes mânes maintenant te le disent :
Le malheureux est chose funeste[1] ; ne porte pas la main
à mon destin.
Même les mains sacrilèges se tiennent à distance
des sépultures.

20. Ruines grecques

Qui que tu sois, étranger, qui découvres l'Athènes
de Cécrops[2],
Laquelle ne pourra guère t'offrir de témoignages
de son antique renommée,
Tu diras : « C'est cette cité qu'ont voulu habiter les dieux
après avoir abandonné le ciel ?
C'est ici que fut déposée l'urne après la répartition
des royaumes entre les dieux[3] ? »
Tu diras pareillement en voyant la citadelle d'Agamemnon :
« Hélas ! La cité victorieuse gît devant nous plus dévastée
que celle qu'elle a vaincue ! »

1. En latin *res atra* ; de nombreux interprètes, dont Dingel, corrigent *atra* en *sacra*, « chose sacrée ».
2. Voir Épigramme n° 14 ci-dessus, note 2.
3. Vers 4 considéré comme corrompu. Prato et Mercier accueillent la restitution de Herter : *regnaque partitis hic fuit urna deis*. Allusion à l'urne qui aurait servi au vote des dieux quand il fut question de se répartir les régions du monde (*cf.* Platon, *Critias*, 109b *sq.*) ? Dingel ne retient aucune des différentes corrections proposées.

Voilà les cités que jadis les Anciens admiraient à juste titre.
Tu vois les pauvres tombeaux de grands monuments.

21. À un écrivain malveillant (I)

Tes vers sont imprégnés d'un poison mortel,
Et ton cœur est plus noir que tes vers.
Personne, ni homme ni femme, ne peut échapper
à tes morsures ;
L'enfant ni le vieillard ne sont totalement à l'abri.
Comme un furieux qui par toute la ville jette des pierres
Contre les gens, ainsi tu lances, toi, tes méchantes paroles.
Mais les gens sensés ont l'habitude de mettre un frein
aux insensés,
Et les pierres qu'on a lancées sont renvoyées vers celui
qui a perdu la tête.
À présent, point de poète qui ne brandisse ses vers contre toi,
Et contre ta fureur la Muse publique fait rage.
Tandis que le soldat encore mal assuré que tu es
brandit ses armes,
Mon bras fait tournoyer le trait et le lance.

21a. À un écrivain malveillant (bis)[1]

Tu es un homme très spirituel : tu t'amuses à me lancer
des accusations criminelles,
Et tes plaisanteries dégouttent de noir poison.
– Mais c'est par plaisanterie que tu parles,
et sous l'effet du vin ?
Si je pleure, qu'est-ce que cela change que ce soit
parce que tu veux rire ?
Cesse donc tes plaisanteries : la méchanceté
n'est pas une plaisanterie.
Jamais les bons mots blessants ne reçoivent bon accueil.

1. Ces six vers sont ordinairement imprimés dans la continuité du n° 21 ; pour Dingel, ils constituent un poème différent parce que l'auteur de ce poème est cette fois personnellement visé.

22. Les tombeaux de Pompée et de Caton

Sur des rivages de Libye très distants l'un de l'autre,
Les noms les plus illustres ont à peine un tombeau[1] :
Magnus et, au nom plus grand encore, Caton. Hélas, c'est bien loin de toi,
Rome, que tu vois gésir tes cendres !

23. Justice divine ?

Licinus[2] repose dans un tombeau de marbre, mais Caton n'a qu'une humble sépulture,
Et Pompée n'en a pas. Croyons-nous qu'il existe des dieux ?

23a. Justice divine

Licinus est écrasé par des blocs de pierres ; Caton est élevé par sa renommée,
Pompée par ses victoires. Nous croyons qu'il existe des dieux.

24. L'espoir

Espoir trompeur, espoir mal agréable, espoir comble des maux,
Consolation des malheureux où que leur destin les entraîne,
Chose crédule qu'aucun revers ne peut chasser,
L'espoir demeure, apportant son secours dans les maux les plus graves.
L'espoir empêche de chercher le repos dans le havre éternel de la mort,
Et de briser par le fer les soucis qui nous tourmentent.

1. Voir la note à l'Épigramme n° 10.

2. Affranchi de César, procurateur en Gaule, homme très riche. Voir Sénèque, *Lettres à Lucilius*, 119, 9 ; 120, 19. – Le numéro 23 est absent de la série des *Épigrammes* (Prato n'édite que le numéro 23a ci-après) ; il est attribué à un Varron dans un des manuscrits, mais son contenu en fait à l'évidence un prélude à l'autre, qu'on ne peut dès lors ignorer, quel qu'en soit l'auteur.

L'espoir ignore la défaite, l'espoir est tout entier suspendu à l'avenir;
Il ment et demande pourtant qu'on le croie.
Perfide, insensé, accueilli avec grande gratitude dans le malheur
Qu'il soulage, en persuadant que souvent le cours de la fortune change,
Lui seul maintient en vie les malheureux, lui seul les retient,
Lui seul ne meurt jamais et ne connaît pas d'alternances.
Il enjôle souvent les gens honnêtes, et les méchants toujours,
Et ceux qu'il a trompés, il les trompe pourtant encore.
Instable, il se déplace selon le moment d'un mouvement capricieux[1],
Audacieux, croyant que rien n'est inaccessible,
Il promet tout, vu l'inconstance notoire des dieux;
Il rappelle que rien n'est stable et que le hasard est changeant.
Il presse le naufragé à nager à travers les eaux furieuses de la tempête
Alors que son navire vient de sombrer sous ses yeux.
Consolé par lui, le prisonnier supporte ses chaînes cruelles,
Et croit, bien que vaincu, qu'il est capable de vaincre.
Étendu sur le bois d'infamie, le criminel garde espoir,
Et une fois la croix érigée, il espère encore en réchapper.
Il garde espoir, l'homme attaché au billot qui a reçu l'ordre de tendre la tête,
Lorsque la hache brandie brille devant ses yeux.
Il espère aussi, le gladiateur vaincu sur l'arène cruelle,
Même si la foule menaçante fait le geste du pouce renversé.

1. *Instabilis, dubio devexa ad tempora motu.* Dingel rapporte *devexa* à *tempora*, qui désignerait alors la vieillesse (« Chancelante d'un mouvement incertain quand le temps décline »), ce qui le contraint à supposer une lacune après le vers 15, le vers 16 se rapportant à la jeunesse.

Il espère encore celui qui, devant la mise à mort imminente,
a échappé au glaive fatal[1],
Alors que déjà on l'emporte sur le brancard.
L'espoir trouve accès au cachot clos par des portes de bronze,
Un faible espoir demeure même dans la sinistre prison.
L'espoir a poussé Marius à se confier à la fange immonde,
Et à préférer la vie, lui un si grand homme,
au prix d'une ruse[2];
C'est lui qui lui commanda de pénétrer dans les rivages
de la Libye vaincue[3];
Et, ô dieux, quel jour que celui
Où Carthage vit Marius gisant sur elle[4]!
Ces deux ruines n'ont pas eu d'égales.
L'espoir avait poussé Magnus à errer en fugitif
par le monde entier,
Avant de se jeter aux pieds d'un roi enfant[5].
Le seul que l'espoir ne parvint pas à leurrer fut Caton,
Ce grand homme ne souffrit pas les tromperies
de la divinité menteuse.
Qu'est-ce que l'espoir n'ose pas? Il demeura chez Priam
après la mort d'Hector;
L'espoir subsista chez ton épouse, Protésilas[6].
Orphée espéra abolir les lois des enfers,
Et par son chant réussir à fléchir les chiens du Tartare.
Guidé par l'espoir, Dédale s'échappa à travers les airs,

1. D'après la suggestion de Dingel pour un vers corrompu et diversement corrigé.

2. Plutarque, *Vie de Marius*, 38, 2.

3. Marius avait vaincu Jugurtha, roi de Numidie en Afrique du nord.

4. Voir Plutarque, *Vie de Marius*, 40. Poursuivi par ses ennemis, Marius s'était réfugié dans Carthage ruinée. Sur le point d'être pris, il répond à l'envoyé du propréteur : « Tu as vu C. Marius assis sur les ruines de Carthage. » *Cf.* Lucain, *Pharsale*, II, 91-92.

5. Fugitif après la défaite de Pharsale en 48, Pompée se réfugia en Égypte où le jeune roi Ptolémée le fit assassiner.

6. Voir ci-dessus le fragment F 53.

Et le volatile d'un genre nouveau effraya les oiseaux interdits.
Pasiphaé (que ne sera-t-il permis à l'homme d'espérer ?)
Espéra pouvoir charmer le taureau menaçant.
Il espère, celui qui creuse des sillons avec le soc recourbé de sa charrue,
Il espère, celui qui a confié ses voiles au souffle des vents.
L'espoir a appris à prendre à l'hameçon les poissons et les oiseaux au filet ;
C'est lui qui enseigne au monde les guerres sanguinaires.
L'espoir accompagne celui qui de son pesant râteau veut dompter un sol ingrat ;
Et, sans raison, il se prépare à recommencer.
Sans cesse il flatte, sans cesse il erre, déloyal,
Et conquiert peuples, cités et royaumes entiers.
Les malades abandonnés par les médecins, jamais l'espoir ne les abandonne,
Les accusés qui ont avoué n'ont jamais perdu espoir.
C'est l'espoir qui dirige les escadres d'ennemis venant de contrées opposées ;
L'espoir pousse les hommes cupides à prendre les armes,
Et leur dit : « Patience, ne te laisse pas abattre par les circonstances ;
Le sort inconstant alterne les vicissitudes.
La Fortune s'amuse de par le monde au gré du hasard
Et demeure toujours la même dans ses alternances »[1].

25. À un ennemi haineux

Tu me détestes : que je périsse, Maxime, si j'en suis surpris.
Je te hais, et si tu veux en connaître la raison, la voici :
Tu as essayé de t'en prendre à ma réputation,
Par des propos méchants, jaloux que tu es, pleins de plaisanteries fielleuses.
Par envie tu m'as attaqué il y a quelque temps dans une affaire de peu,

1. En lisant avec Prato : *Et semper constat, quae fugit atque redit.* Dingel juge le vers désespéré.

Mais tu crois m'avoir nui dans une affaire importante.
Que je périsse si ce n'est pas là, Maxime, la cause
de mes sentiments envers toi :
Je te hais, et rien ne me réjouit davantage ;
À ton tour, je t'en prie, rends-moi la pareille,
et je crains par-dessus tout
Que ta haine soit moins forte que ce qu'elle paraît.

26. Éternité de la poésie (I)

Ces monuments, produits d'un labeur insensé,
qui se dressent autour de la ville,
Les entassements de marbre que tu as sous les yeux,
voie Appienne,
Les pyramides qui ont eu l'audace de s'approcher du ciel,
Ces pyramides que l'ombre quitte au milieu du jour,
Et le mausolée, consolation d'une mort misérable,
Où Cléopâtre a enseveli son époux étranger[1] :
Autant d'édifices que le temps ébranlera et abattra ;
et plus haut se dresse
L'ouvrage, n'importe lequel, plus vite le temps s'en saisira
et le dévorera.
La poésie seule échappe au destin et repousse la mort ;
Par ta poésie, Homère, tu vivras toujours[2].

27. Éternité de la poésie (II)

Il ne naît pas d'œuvre que la vieillesse chargée d'ans
Ne prenne d'assaut, que le temps malveillant ne renverse,
Dusses-tu entasser de grandes montagnes jusqu'aux étoiles,
Et égaler les brûlantes pyramides
par des bâtiments de marbre.
Aucune mort n'atteint le génie, de tout côté il est à l'abri ;
La poésie conserve à jamais intact son renom.

1. Antoine.

2. La parenté avec un passage de la *Consolation à Polybe* de Sénèque (XVIII, 2) est évidente.

28. La Bretagne soumise (I)

Une terre jamais violée par les triomphes ausoniens[1]
A succombé, frappée par ta foudre, César[2],
Et l'océan voit derrière lui tes autels[3] :
La frontière du monde n'a pas été frontière pour l'Empire[4].

29. La Bretagne soumise (II)

Une nation jamais vaincue, dont le nom n'a été affiché
dans aucun triomphe,
Cette nation indomptée, la voici à terre, offerte
à de nouveaux trophées.
Longtemps tenue pour une fable, cachée au milieu de l'océan,
Avec quelle rapidité elle a présenté son cou libre
au vainqueur !
L'Euphrate ouvrira l'Orient, le Rhin les régions du nord[5] :
Voici que l'océan a pris place au milieu de l'Empire.

30. La Bretagne soumise (III)

Libre Bretagne, toi qui n'as subi ni ennemi ni roi étranger,
Toi qui t'étends loin de notre monde,
Heureuse par ton malheur et accablée par un sort favorable,
Nous aurons désormais, toi et nous, César en commun.

31. La Bretagne soumise (IV)

Le Tibre formait la limite de ton royaume, Romulus ;
Pour toi, pieux Numa, il était une frontière.

1. La Grande Bretagne. « Ausoniens » désigne ordinairement les Italiens, ici les Romains. Les numéros 28-34 forment manifestement un cycle ; selon Dingel, Sénèque pourrait en être l'auteur.

2. Claude, dans sa conquête du pays en 43-47. Jules César avait en fait déjà pénétré dans le pays en 55-54 av. J.-C.

3. Anticipation de l'apothéose de Claude (*cf.* Sénèque, *Apocoloquintose*, 8, 3 ; Tacite, *Annales*, XIV, 31).

4. L'océan était frontière pour la terre habitée avant que Claude soumette la Bretagne ; désormais on a des autels au-delà de cette frontière (l'océan les voit *derrière* lui).

5. Ils ne seront plus une frontière, *cf.* Épigrammes n° 33, 1-2.

Et ton pouvoir, Divin César[1], consacré dans le ciel
qui te revenait,
S'est arrêté en deçà de l'ultime océan.
Mais à présent l'océan coule entre deux mondes ;
Fait partie de l'Empire ce qui en était la limite.

32. La Bretagne soumise (V)

Mars notre père, et toi Quirinus protecteur de notre nation,
Et vous, l'un et l'autre César[2] résidant
dans l'immensité du ciel,
Vous voyez les Bretons inconnus soumis à la loi latine :
Le soleil se couche <à présent> dans les limites
de notre Empire.
La mer une fois ouverte, les ultimes barrières sont tombées,
Et désormais nous sommes entourés d'un océan romain.

33. La Bretagne soumise (VI)

C'est en vain, Germanie, que tu nous fais obstacle
du Rhin impétueux,
Et l'Euphrate, ô Parthe fuyard[3], ne t'est d'aucun secours.
Déjà l'océan a battu en retraite, et lui que nul
ne pouvait traverser,
Le voilà soumis aux faisceaux et au pouvoir de César :
La fameuse Bretagne, lointaine et exclue de nos cieux,
Vaincue à présent, est baignée par notre mer.

1. Il doit s'agir cette fois de Jules César, dont les expéditions en Bretagne n'ont pas donné de résultats définitifs. Le « à présent » du vers 5 désignerait alors la nouvelle situation résultant de la conquête de Claude. – D'après Plutarque (*Vie de César*, 67, 8), César a été divinisé par un vote du Sénat.

2. C'est-à-dire : Jules César et Auguste, divinisés peu après leur mort. – *Quirinus* est un nom appliqué selon les cas à divers personnages, légendaires (Romulus, Mars) ou historiques (Auguste) ; c'est sans doute Romulus qui est désigné ici.

3. Allusion à la tactique militaire des Parthes, qui commençaient par prendre la fuite avant de se retourner brusquement contre leurs poursuivants. *Cf.* Sénèque, *Thyeste*, 382.

34. La Bretagne soumise (VII)

La Bretagne, lointaine et séparée de nous par la vaste mer,
Sauvage et entourée de rivages inaccessibles,
Que le père Nérée[1] avait entouré d'ondes impénétrables,
Que ceint par ses marées l'océan trompeur,
Qui a reçu du sort un ciel brumeux, où l'Ourse glaciale
Toujours se distingue par son éclat parmi les étoiles
qui ne se couchent jamais,
Bretagne soumise quand tu es apparu, César Germanicus[2],
La Bretagne a courbé le cou sous un joug auquel
elle n'était pas habituée.
Vois comment Téthys[3], à présent ouverte aux traversées,
mêle les peuples :
Voilà unifié ce qui jusqu'à aujourd'hui était un monde
et un autre monde.

35. Plaisir d'aimer

Puisses-tu aimer ainsi, ma lumière, et en retour
être toujours aimée ainsi,
Pour que jamais ne cesse notre amour mutuel.
Qu'au coucher du soleil, qu'au lever du soleil,
L'étoile du soir assiste à ce spectacle, et pareillement
l'étoile du matin[4].
[Si tu donnes, souvent tu refuses ; si tu donnes,
souvent tu te dérobes,
Et de ton pied tu repousses ta proie…

1. Fils de Pontus et de Gaia, père des Néréides. Terme souvent utilisé pour désigner la mer.

2. Claude, qui a reçu le surnom de Germanicus après adoption de Germanicus, son frère aîné, dans la famille Julia (Suétone, *Claude*, II).

3. Femme d'Océanus, déesse de la mer ; en poésie, terme utilisé pour désigner l'océan.

4. La suite, soit 13 vers, est trop mutilée (censurée ?) pour permettre une traduction cohérente. Les lignes qui suivent s'appuient sur diverses tentatives de restitution, elles ne figurent ici que pour donner un aperçu du contenu du passage.

La nuit entière m'a été accordée... et bien vite périront les peines.
....
Tu me promets, ô ma vie, une seule nuit, pas davantage
....
Pourvu que je couche avec toi, uni à toi de tout mon corps
....
... Une seule fois, mais une fois sans t'arrêter.
Ô assurément tu vas en avoir (?) plus que moi
... mais moi ...]

36. Trois bons amis

Vois ces chers Géryons[1], Serranus, Végétus,
Et uni à eux deux Hérogène[2];
Tu crois qu'ils sont frères, tant est grande l'affection qu'ils se vouent.
Mais non, tu ne peux le croire : si fort est l'amour qui unit ces trois-là !
Dans le petit nombre de mes compagnons, cette triade m'est chère,
Cette triade forme une très grande part de mon cercle de compagnons.

37. Adieu à la muse sévère (I)

Il me plaît à présent de revenir aux amusements et aux ébats furtifs ;
Muse, il fait bon s'amuser : Muse sévère, adieu !
Parlons maintenant d'Aréthuse aux seins gonflés,
À la chevelure tantôt nouée et tantôt défaite,
Qu'elle frappe à ma porte au signal convenu pour la nuit,

1. Géryon, roi d'Ibérie, représenté avec un triple corps. On lit dans Justin (*Abrégé des histoires philippiques de Trogue Pompée*, 44, 4, 16), que le triple corps est une fable ; il s'agirait en fait de trois frères intimement liés.

2. Nom ordinairement accepté, mais non retenu par Dingel, pour un mot incertain.

Ayant appris à marcher d'un pas intrépide dans les ténèbres,
Ou qu'elle m'entoure le cou de ses souples bras.
Qu'elle veuille bien, à moitié renversée, courber
son flanc de neige,
Qu'elle prenne toutes les positions, à l'image
de ces tableaux suggestifs,
Et se laisse tomber sur mon lit,
Et sans aucune honte, plus effrontée même que moi,
Bondisse sans se lasser partout sur la couche.
Il ne manquera pas de poètes pour pleurer Priam
et le sort d'Hector :
Il est bon, Muse, de s'amuser : Muse sévère, adieu !

38. Un jeune garçon aimé

Ô divin visage, digne de Bacchus ou d'Apollon,
Qu'aucun homme, qu'aucune femme ne voit sans danger !
Ô doigts qu'on croirait d'un enfant ou d'une vierge,
Ou plutôt de la déesse vierge[1] !
Heureuse, la femme qui mordille ton cou,
Heureuse, celle qui de ses lèvres bleuit les tiennes,
Ainsi que la jeune fille qui approche sa poitrine
au contact de la tienne,
Et épuise sa langue dans ta tendre bouche.

39. Adieu à la muse sévère (II)

Tu trouves que je suis fou de ne pas vouloir
Écrire de poèmes dignes de la gravité patricienne ?
De passer sous silence le Télamonide victime
d'un jugement inique[2],
Ainsi que tes combats, Penthésilée[3] ?
De ne pas narrer les origines du vaste monde,

1. Diane.

2. Ajax, fils de Télamon, à qui on refusa les armes d'Achille après la mort de ce dernier.

3. La reine des Amazones.

Ni le char de Pélops, ni les cavales de Diomède[1] ?
Ni la façon dont la malheureuse Troie, ébranlée
par le bras d'Achille,
S'écroula après la mort d'Hector ?
Vous tous, prenez le large, livrez les voiles au vent :
Pour moi, qu'une petite barque me porte sur un lac apaisé.

40. La tombe de Caton

Ne t'afflige pas du grossier tombeau de l'auguste Caton :
Les petites tombes de Jupiter reçoivent aussi des visiteurs[2].

41. Idéal d'une vie simple

Je possède, honnêtement gagnées, une modeste propriété
à la campagne et une modeste rente,
Mais la tranquillité qu'elles me donnent accroît la valeur
de l'une et de l'autre.
Un esprit sans peur conserve sa sérénité,
Et ne craint pas qu'on l'accuse de succomber
à une indolente paresse.
D'autres peuvent bien être séduits par la rude vie militaire
et les sièges curules[3],
Et par tout ce qui pousse les sots aux projets grandioses[4].
Quant à moi, je veux être un homme du peuple
qu'aucun honneur ne distingue,
Pourvu que je vive en restant maître de mon temps.

1. Non le fils de Tydée, compagnon occasionnel d'Ulysse, mais le roi des Bistones, tué par Hercule parce qu'il nourrissait ses cavales de chair humaine (Ovide, *Métamorphoses*, IX, 194). Pélops, objet de nombreux récits, est un héros très célèbre. Le *char* fait allusion à la course qui lui valut la main d'Hippodamie, après sa victoire sur Œnomaüs, père d'Hippodamie.

2. À propos des tombes de Jupiter, voir notamment Cicéron, *Nature des dieux*, III, 53 (*cf.* Martial, IX, 35).

3. Privilège des magistrats supérieurs.

4. La correction de *grandia* en *gaudia* acceptée par Dingel ne s'impose pas.

42. Amour fou

À vos yeux j'ai l'air d'un fou, et je ne vous demande pas
De changer d'avis. Mais pourquoi ai-je cet air-là ?
Dites-le donc : « Parce que tu es toujours amoureux,
parce que tu l'as toujours été. »
Cette folie, ô dieux, puisse-t-elle durer éternellement !

43. Amour déçu

Une femme, si tu m'en crois, m'aime – mais
elle en crève, elle brûle,
Non vaguement, non à la légère,
mais elle se consume, elle est mourante.
Comme elle fuit dès que je lui demande de m'accorder
certaines faveurs gratuitement,
Je montrerai que j'ai beau être aimé, mais que mon amour
n'est pas éternel.

44. Maquillage trompeur

Lorsqu'elle se passe de la craie sur le visage,
Sertoria s'embellit.
Quand la craie a disparu, la beauté aussi a disparu.

45. La tombe d'Alexandre

Qui que tu sois qui ne crois pas encore à l'instabilité
du règne de la Fortune,
Ni aux aléas inconstants du sort,
Regarde le corps enseveli du fameux Alexandre :
Une poignée de sable dissimule un si grand homme !

46. Les tombes des grands hommes

La Fortune a uni le sort des grands hommes :
Celui-ci est enseveli dans une petite tombe,
celui-là n'en a pas[1].

1. Allusion probable à Alexandre et Pompée.

Allez donc par le monde entier conquérir de nouvelles terres :
Le fait est que c'est un petit bout de terre qui attend les grands capitaines.

47. Amour d'un jeune garçon

Pourquoi aussi furieuse, Cyparée ? Pourquoi, d'un jeune taureau à peine apprivoisé,
Rompre les reins, et forcer un jeune cheval ?
Tant qu'il reste interdit, sans expérience et ignore l'art d'aimer,
Épargne-le : tu pourras le chevaucher quand il sera homme fait.

48. Bonheur d'une vie tranquille

Les navires traverseront à sec la mer de Sicile,
Et le sable poudreux manquera dans les bas-fonds libyens,
Les neiges feront couler depuis les montagnes des torrents d'eau chaude,
Le Rhône ne conduira pas ses eaux à la mer,
Et Corinthe sans cesse battue par les flots de deux mers,
Une fois son isthme devenu navigable, mêlera leurs deux courants,
Les sauvages lions soumettront leur gorge aux cerfs,
Et le sanglier farouche oubliera les combats furieux,
Le Mède maniera le javelot et la jeunesse romaine le carquois,
Les noirs habitants de l'Inde feront rutiler une rousse chevelure,
Avant que ne me déplaise l'heureuse fortune d'une vie paisible,
Ou que ma barque se fie à des eaux incertaines.

49. Amour fraternel

Puissent me survivre mes frères, l'aîné comme le plus jeune[1],
Et n'avoir de moi d'autre motif d'affliction que ma mort;
Puissé-je les vaincre en amour et à mon tour être par eux vaincu,
Et qu'ainsi s'engage entre nous une belle joute d'amour mutuel;
Puisse pareillement Marcus, qui ne fait encore entendre qu'un charmant gazouillement[2],
Défier un jour l'éloquence de ses deux oncles[3].

50. L'expédition de Xerxès (II)

Voici le grand Xerxès. Tout l'univers accompagne sa marche[4].
Pourquoi, ô Grèce, hésites-tu à porter son joug?
Le monde exécute ses ordres : ses flèches ont dérobé le soleil à la vue,
On marche sur la mer, et l'Athos élevé est battu par les flots.

51. Vaine magnificence

Le fait que ta haute maison possède mille colonnes massives,
Que des jambages de marbre donnent de l'éclat à ta porte,
Que des lambris dorés fassent resplendir tes hauts plafonds,
Qu'un pavement précieux recouvre ton sol,
Et qu'une ornementation fastueuse recouvre tes atriums alentour,

1. Le contexte familial évoqué dans ce poème correspond à des personnes réelles de la famille de Sénèque, ce qui peut plaider pour son authenticité. L'aîné est Marcus Annaeus Novatus, le plus jeune Annaeus Méla, le père de Lucain (ce dernier, Marcus Annaeus Lucanus, est nommé au vers 5).

2. Dans la *Consolation à Helvia*, 18, 4, Sénèque parle de sa belle humeur et de son babillage (*garrulitas*).

3. Sénèque et son frère Novatus; le 3e frère, n'a pas eu de vie publique.

4. Voir l'Épigramme n° 5

Tout cela, heureux homme, élève ton âme, n'est-ce pas?
Les pierres précieuses peuvent bien revêtir intégralement toute ta maison,
C'est une honte que rien ne soit plus honteux que son propriétaire[1] !

52. Le vrai bonheur

Tu te trompes, ce n'est pas cela, la vie heureuse,
Ce n'est pas ce que vous croyez vous autres; ce n'est pas
Voir sur ses mains briller des pierres précieuses,
Ou reposer sur un lit d'écailles de tortue,
Plonger son corps dans des plumes moelleuses,
Boire dans une coupe d'or et à table être étendu sur la pourpre,
Charger de mets des tables somptueuses,
Et ne pouvoir dans un seul cellier
Faire tenir tout ce qui est fauché dans les champs libyens :
C'est accueillir tout événement sans crainte ni tremblement,
Ne pas être impressionné par la vaine faveur de la foule,
Ne pas se troubler à la vue d'une épée brandie :
Quiconque en est capable, il lui sera loisible
De faire fièrement reculer la Fortune.

53. La mort de Crispus

Mon ami Crispus m'a été enlevé[2],
Lui pour qui, s'il était permis de payer un prix,
Je diviserais de bon cœur le nombre de mes années.
À présent la meilleure partie de moi-même m'a abandonné,
Crispus, mon soutien, mon amour,
Mon cœur, mes délices : sans lui
Je croirai en moi-même que c'en est fini de la joie.
Je vivrai malheureux, sans forces, impuissant :
Plus de la moitié de moi-même s'en est allée.

1. Pour une éventuelle attribution à Sénèque, comparer la tragédie *Thyeste*, 336-403.
2. Voir l'Épigramme n° 14.

54. Belle mais dévergondée

Tu es belle, j'en conviens, riche, bien née, pleine de charme :
Tout cela je peux le reconnaître, si tu veux.
Mais admets ceci à ton tour :
N'est-il pas vrai que tu es bien peu chaste ? Que tu as été prise sur le fait ? Le nieras-tu ?
L'affaire est portée devant les juges. Et elle derechef : « Je le nie. »
Dis plutôt : « Mais ce n'était qu'une fois, pas vrai ?
Mais j'étais jeune, pas vrai ?
Et quand on m'a prise en flagrant délit, ne s'agissait-il pas de mon frère ? »
« Mon frère, oui, ce n'est rien, puisque Jupiter l'a fait »[1].
Mais ce que Jupiter n'a pas fait, vous le faites.

55. La Grèce en ruines

La Grèce, ébranlée par les interminables ravages des guerres,
Est à terre pour avoir abusé de ses propres forces.
Sa gloire demeure, son bonheur a disparu : elle gît à terre, ce sont ses cendres
Qu'on visite, et aujourd'hui encore son tombeau la rend sacrée.
Elle conserve de maigres vestiges de son immense gloire,
Et la malheureuse n'a plus rien de grand que le nom.

56. Vin consolateur

Puisse-t-elle être tienne, quelle qu'elle soit, la fille que tu veux pour toi,
Puisse-t-elle, quelle qu'elle soit, brûler d'un feu partagé,
Puisse ton cœur n'être jamais privé d'une tendre flamme,
Et rester toujours exempt des blessures de l'amour :
Triomphe des soucis par le vin, et si d'aventure un remords te harcèle,
Étouffe-le, chasse les nuages de ton esprit.

1. On sait que Jupiter et Junon étaient à la fois époux et frère et sœur. Voir le Fragment F 72.

Si la nuit s'empare d'un souci, elle le nourrit : mal en prend
au souci de se fier à la nuit,
À moins d'être engourdi à force de vin.

57. Adultère secret

Tu me forces, Galla, à te promettre par serment
De ne rien raconter. Jure-moi toi-même à ton tour,
De n'en parler à personne – exigence bien dure ;
je peux l'adoucir :
Sauf si tu veux, Galla, en parler à ton mari !

58. Fin d'un amour

C'est sous l'effet d'un mal inconnu que j'ai rompu
mes sacrés engagements.
Mes forces sont insuffisantes pour des fautes aussi graves.
Ce qui m'a pressé, et par d'ardents aiguillons
m'a poussé à agir,
Ce fut ou le destin ou un dieu.
Pourquoi vainement incriminer les dieux ?
Tu veux connaître la vérité, Délie ?
Ce qui m'avait donné à toi et ce qui m'a enlevé à toi,
c'est le même amour.

59. L'oreille bavarde

Oreille bavarde, avec les bourdonnements que tu me fais
entendre des nuits entières,
Veux-tu me dire que quelqu'un, je ne sais qui, se souvient
de moi maintenant ?
« Tu me demandes de qui il s'agit ? Tes oreilles
bourdonnent la nuit,
Et bourdonnent des nuits entières ? C'est Délie qui te parle. »
Pas de doute, c'est Délie qui parle de moi : un son plus doux
Me parvient, et bruit tendrement en un faible murmure.
Ce n'est pas autrement que Délie a coutume de rompre
le secret silence de la nuit

À voix basse et discrète,
Ce n'est pas autrement qu'elle a coutume, en entourant mon cou de ses bras délicats,
De me chuchoter à l'oreille des mots réservés à nous seuls.
Je l'ai reconnue : l'écho fidèle de sa voix m'est parvenu,
C'est sa sonorité plus caressante qui tinte à mon oreille loquace.
Ne cessez pas, je vous prie, de porter vers moi ces longs chuchotements !
Mais pendant que je parle, vous m'avez déjà dit adieu – pour mon tourment.

60. Les chaînes de l'amour

Voici comment tu dois me garder prisonnier, Cosconia : que mes liens
Ne soient ni trop serrés ni trop lâches.
Je m'enfuirai s'ils sont trop détendus, s'ils sont trop durs je les briserai,
Mais je ne ferai ni l'un ni l'autre si j'y suis à l'aise.

61. Les tombes des Magnus (I)

L'un repose en un tombeau près du Nil, le deuxième en Ibérie,
Le troisième est tombé en terre d'Orient[1].
Chaque région du monde possède un Magnus ; ainsi en ont décidé les dieux :
Chacun d'eux, bien que vaincu, possède même aujourd'hui sa part du monde.

62. Les tombes des Magnus (II)

Ô Patrie, tu vois les Magnus sur des rivages du monde à distance les uns des autres,
Mis en terre, hélas, sans nom,

1. Voir Épigramme n° 10.

Ensevelis en Europe et en Asie et en Libye :
C'est ainsi que les vainqueurs s'emparent de la terre qu'ils ont vaincue.

63. Les tombes des Magnus (III)

L'Asie et l'Europe séparent les jeunes gens en des tombeaux éloignés les uns des autres[1] ;
Toi, Magnus, c'est dans la déloyale Libye que tu reposes.
La Fortune a dispersé par le monde les dépouilles des Magnus,
Afin qu'aucune terre ne soit privée de son Pompée.

64. Les frères Casca

Les Casca ont tué ensemble et ensemble ils ont succombé[2],
Chacun de la main par laquelle ils avaient osé le crime.
Ils appartenaient au même camp et reçurent leur blessure en un même lieu;
Leur parti abattu, l'un et l'autre, vaincus, gisent à terre.
Aussi parfait que l'accord de leur esprit fut l'accord de leur destin,
Et un modeste sépulcre recouvre la cendre de l'un et de l'autre.
Deux frères que les poètes devraient célébrer en de nombreux chants,
Si en une seule occasion ils avaient été moins semblables[3].

1. *Cf.* Martial, V, 74.

2. Les frères Publius et Gaius Casca ont participé à l'assassinat de César en 44 av. J.-C. Publius aurait donné le premier coup, puis appelé son frère à la rescousse. Les deux se seraient suicidés après la défaite de l'armée des meurtriers de César à Philippes en 42. Voir Nicolas de Damas, *Vie d'Auguste*, frag. 130, 89 ; Plutarque, *Vie de César*, 66, 7-9 ; Suétone, *Vie de César*, 82.

3. Quelle est cette occasion ? L'opinion dominante renvoie au meurtre de César. Mais si on admet que le poème a été écrit dans un contexte anti-césarien (tonalité dominante de l'ensemble des *Épigrammes*), le meurtre de César ne peut apparaître comme une tache

65. Vains artifices de la beauté

Toujours des dehors soignés, Basilissa, toujours des parures,
Toujours une coiffure ajustée avec un art consommé,
Un visage toujours fardé, et toujours des parfums,
Le tout apprêté d'une main inquiète :
Je n'aime rien de tout cela ; qu'elle se présente dans son négligé si mon amie se prépare pour moi,
C'est par sa simplicité sans apprêts qu'elle me gagne.
Qu'elle n'ait cure d'avoir ses bandeaux défaits tombant de sa tête,
Et de se laver le visage en ma présence.
Toujours composer son aspect, c'est ne pas avoir confiance en l'amour.
Eh quoi ! N'arrive-t-il pas souvent que le charme se révèle quand on veut le bannir ?

66. Amour impromptu

Si, Basilissa, je ne t'ai pas priée ni prévenue plusieurs jours à l'avance,
Tu dis que tu ne peux te donner à moi.
Les plaisirs naissent tout d'un coup : ainsi,
quand ils sont improvisés, nombre de plaisirs
Sont souvent plus agréables que ceux qu'on a fixés à l'avance.

dans la vie des Casca. Même remarque si l'occasion en question désigne leur suicide, semblable à celui de Caton, lequel est plusieurs fois célébré dans ces pages. Si l'on fait abstraction du contexte anti-césarien, qu'est-ce qui empêche les poètes de célébrer les deux frères ? Du meurtre de César ou du suicide, quel est l'acte le plus infamant ? Ces difficultés ont inspiré à Prato une autre hypothèse : l'homosexualité des deux frères, suggérée par l'expression *una parte minus gemini, « si par un seul côté ils ne formaient pas une paire »*. Mais l'incertitude demeure.

67. Amour par surprise

Pourquoi, ô ma lumière, toujours remettre à plus tard
quand je te fais des avances ?
Pourquoi réclamer un long délai ?
D'abord, c'est là un crime de jeune fille délurée ;
Ensuite, il est difficile, pénible,
Pour qui est en érection d'attendre si longtemps.
Cela dit, il n'est rien, jeune fille,
Rien de meilleur que de faire l'amour par surprise.

68. Puissance de Xerxès

Cet Athos que tu vois ouvert aux flots qui s'y déversent[1],
Il fallait jadis le contourner par un détour oblique.
Il a accueilli en lui Nérée[2] détourné du vaste océan,
Et à travers ses flancs a ouvert le chemin
à de violentes guerres.
Sous sa masse énorme retentit soudain le grondement
des escadres,
Et sous la blanche neige s'étendait la mer céruléenne[3].
Le même Xerxès réunit deux rivages par un grand pont,
Et le soldat marcha à travers la mer.
Quelle puissance que celle qui donna au monde
de nouvelles lois !
« Que ceci soit terre, et cela mer », dit-il : c'est ce qui arriva.

1. Nouvelle évocation de l'expédition de Xerxès, comme aux n° 5 et 53. Après le percement de l'Athos, il s'agit au vers 7 du pont de bateaux sur la mer.

2. La mer, voir l'Épigramme n° 34, 3.

3. Selon plusieurs commentateurs, ce passage s'explique mieux si l'on admet que le canal creusé sur l'ordre de Xerxès était souterrain ; l'opposition porte alors sur les hauteurs enneigées de l'Athos et le fond du canal.

69. Les frères Maevius (I)

Antoine était arrivé, après avoir ébranlé l'Orient,
Et portant, réunies aux siennes, les enseignes des Parthes ;
De Canope était arrivée aussi Cléopâtre,
réclamant Rome en dot[1].
D'un côté, les sistres[2] menaçaient Jupiter Capitolin,
De l'autre, Rome mettait sa confiance dans le divin César[3],
Rome invaincue mais sur le point de s'écrouler,
trébuchant sous son propre poids.
On avait quitté la terre, les flottes avaient recouvert la mer,
Partout régnaient la fureur et le chaos.
Que les frères, hélas ! affrontent leurs frères,
les enfants leurs pères,
Voilà ce qu'ordonnent le sort impie de la guerre
et le cruel destin.
L'un s'en prend à son gendre, l'autre à son beau-père,
et le moins cruel
Était celui que n'éclaboussait que le sang d'un concitoyen.
Maevius, un soldat du camp des meilleurs[4], ayant osé
Se jeter d'un bond sur un navire ennemi,
Heureux pour son malheur et impie dans sa victoire,
Se glorifiait d'avoir, sans le savoir, tué son frère.
Au moment de ramasser la dépouille et d'arracher
ses armes à l'ennemi,
Il voit le visage de son frère et ses traits affligés.
Ce qui avait été acte de courage s'est changé en crime :
le soldat se fige

1. On comprend que la scène se déroule dans le contexte de la bataille d'Actium. Cet épisode n'est peut-être pas une simple fiction, car les historiens rapportent des cas semblables (Tacite, *Histoires*, III, 51,5 ; Valère Maxime, V, 5, 4).

2. Instrument de musique égyptien, donc ici du côté de Cléopâtre.

3. Octave, divinisé par anticipation (voir p. ex. Virgile, *Géorgiques*, I, 24 *sq.*).

4. Probablement au sens de « bons citoyens », ceux qui sont « du bon côté » : politiquement, le parti d'Octave.

En face de l'ennemi et a peur de lancer ses traits[1].
Farouche, il s'écrie : « Pourquoi, main paresseuse,
t'arrêter maintenant seulement ?
Il y a là quelqu'un qui mérite, plus qu'un ennemi,
de périr par toi.
Le meurtre d'un frère, rien ne peut l'excuser ;
Ta mort seule le peut, c'est par ta mort qu'il faut l'expier.
C'est sûr, tu rapporteras là un riche butin
aux pénates paternels ?
Tu ne peux retourner en vainqueur chez ton père,
Mais rejoindre ton frère, tu le peux. C'est le moment,
sers-toi bravement de ton arme.
Cette arme a fait de toi un impie, par elle tu peux
effacer cette impiété.
Si tu es capable de survivre, c'est que tu l'as été
de tuer ton frère.
Tu l'ignorais : maintenant tu le sais, et ce délai fait de toi
un coupable[2].
Nous avons vécu dans des camps opposés : puissions-nous
reposer dans le même camp. »
Il dit, mais se demande par laquelle des deux mains
il devait périr.
Vais-je me frapper de mon épée pour finir
d'une mort criminelle[3] ?

1. Les vers 19 et 20 semblent corrompus, les corrections proposées n'ont pas convaincu et Dingel ne tranche pas. Le sens pourrait être : il se fige devant ce qu'il prenait pour un ennemi ; et ensuite il n'a plus le goût de continuer à combattre, à « lancer ses traits ». Herrmann propose : les (autres ?) soldats hésitent, appuyés sur leur lance, et craignent d'envoyer leurs traits.

2. Sans doute : le présent atermoiement est une nouvelle faute. Dingel (p. 310) propose une interprétation différente, peu claire, moins convaincante.

3. En lisant au vers 33 *jugulatus* avec Prato. Dans les mots *ense meo moriar jaculatus*, on corrige le plus souvent *jaculatus* en *maculato* : « Dois-je mourir par mon épée souillée par une mort criminelle ». Le sens est peut-être plus satisfaisant, mais au prix d'une correction forte.

Celui pour qui tu meurs te donnera le fer
par lequel tu dois mourir. »
Il dit, et s'écroule sur son frère, frappé par l'épée du frère.
Vainqueur et vaincu, une seule et même main
les a conduits au trépas.

70. Les frères Maevius (II)

C'est pour cela, Fortune, que tu mets aux prises
des peuples furieux :
Pour que la défaite soit plus légère et la victoire plus pénible ?
Maevius croyait avoir tué un ennemi et s'en réjouissait :
Le malheureux était content d'avoir frappé son frère !
Il ne lui fut pas permis d'ignorer son acte impie :
en dénudant
Le corps de la victime ensanglantée, il tomba
sur ses propres dépouilles[1].
Il découvrit en même temps son crime et son frère ;
hors de lui,
Il s'écrie : « Allons ! Une tâche plus grande t'attend à présent.
Tu dois vaincre le vainqueur, tu dois venger ton frère[2].
Tu tardes ? Comme tu as été courageux tout à l'heure
pour accomplir le crime !
Tu profanes à présent la terre, le droit, les dieux
et la guerre elle-même.
– Mais c'était une guerre civile ! – Même dans ce cas,
la faute est grave.
Avec ces mains tu veux suivre encore les enseignes sacrées
de la patrie,

1. *In exuvias incidit ipse suas*. Vers peu clair, diversement interprété. Peut-être : il reconnaît les mêmes armes que les siennes et découvre qu'il s'agit de son frère (à la différence de l'Épigramme n° 69, vers 18, il ne reconnaît pas son frère à son visage). Dingel propose : Maevius songe à ses propres dépouilles, à sa propre mort.

2. Selon Dingel : « Tu dois présenter ta défense en tant que frère. » *Defendere* au sens de venger est rare, mais possible.

Soldat plus digne d'embarquer sur les navires d'Antoine[1] ?
La vaillance t'a ravi la piété, la vaillance
doit te la rendre :
Le moyen qui te l'a ôtée doit te la rendre.
Pourquoi retarder l'absolution ? » Il dit et se jeta
sur l'épée ensanglantée,
Son visage rejoignant celui de son frère.
Puisses-tu toujours, Fortune, mener les guerres civiles
De telle sorte que le vainqueur ne veuille pas
survivre au vaincu.

71. Épitaphe de Sénèque

Souci, peine, dignités, magistratures offertes en cadeau,
Allez-vous-en, tourmentez désormais d'autres âmes.
Dieu m'appelle auprès de lui, loin de vous. C'en est fait,
Les affaires d'ici-bas sont achevées ; adieu, terre hospitalière.
Accueille cependant, terre avide, mon corps
dans un monument conforme aux usages[2] :
Car je rends mon âme au ciel et à toi mes os.

72. Idéal d'une vie simple

Ô Phébus, sois favorable à une entreprise qui n'aspire
à rien de grand,
Rien que la foule envieuse voudrait se voir attribuer.
Éloigne de moi la richesse ; que d'autres obtiennent la préture
Conformément à leurs vœux, prennent plaisir
à la grande faveur dont ils jouissent.
Que celui-ci soit préfet et commande la flotte,
Que plein de joie il réclame avec un empressement inquiet
des camps en terre étrangère[3],

1. C'est-à-dire de l'ennemi de la patrie.

2. D'après le Fragment T 99 ci-dessus, Sénèque avait demandé à être incinéré sans cérémonie. Cf. *Lettres à Lucilius*, 92, 34. Ces données interdisent, semble-t-il, d'attribuer cette épitaphe à Sénèque.

3. Texte obscur et discuté. Pour les « camps en terre étrangère », voir Sénèque, *Lettres à Lucilius*, 2, 5.

Qu'avec ses douze faisceaux il inspire la crainte
à sa province[1] ;
Que celui-là s'entende acclamé par un triple applaudissement.
Quant à moi, puissé-je me consacrer aux terres d'une
modeste parcelle et aux paisibles poésies,
Et ne pas laisser passer un seul jour
sans l'un de mes frères.
Que me soient accordés les loisirs honorables
d'une vie indolente,
Et que mon esprit n'éprouve ni crainte ni désir.
Et qu'au terme d'une existence effacée une vieillesse exempte
de maladies vienne tardivement me délivrer de la vie,
Et que mes deux frères recueillent
mes os prêts à être ensevelis.

1. Douze licteurs portant des faisceaux accompagnent les consuls, et ici les proconsuls dans la province qui leur a été attribuée.

BIBLIOGRAPHIE

I. SÉNÈQUE

A) *Les fragments et témoignages*

[JUSTE LIPSE] I. Lipsius, *L. Annaei Senecae philosophi opera quae exstant omnia*, Anvers, 1605.

HAASE Friedrich, *L. Annaei Senecae opera quae supersunt*, Lipsiae (Leipzig), 1853, vol. III, p. 418-445.

LUCIO ANNEO SENECA, *I frammenti*, a cura di Dionigi Vottero, Bologna, Patron, 1998.

[SÉNÈQUE] *Senecae librorum Quomodo amicitia continenda sit et De vita patris reliquiae*, ed. G. Studemund, in *De Senecae philosophi librorum recensione et emendatione*, ed. O. Rossbach, Vratislaviae, G. Koebner, 1888; repr. G. Olms, Hildesheim, 1969.

B) *Les Épigrammes*

HERRMANN Léon, *Douze poèmes d'exil de Sénèque et vingt-quatre poèmes de Pétrone regroupés et traduits*, Berchem-Bruxelles, 1955.

PRATO Carlo, *Gli epigrammi attribuiti a L. Anneo Seneca*, Roma, Ed. Dell'Ateneo, 1964.

DINGEL Joachim, *Senecas Epigramme und andere Gedichte aus der Anthologia Latina. Ausgabe mit Übersetzung und Kommentar*, Heidelberg, Winter Verlag, 2007.

MERCIER Stéphane, *Les épigrammes attribuées à Sénèque*, introduction, traduction et commentaire par St. Mercier, http://hdl.handle.net/2078.1/82493

C) *Les œuvres conservées*

Consolations, texte et trad. R. Waltz, Paris, Les Belles Lettres, 1923 ; 2017.

De la Providence. De la constance du sage. De la tranquillité de l'âme. De l'oisiveté, texte et trad. R. Waltz, Paris, Les Belles Lettres, 1927 ; 2006.

De la vie heureuse. De la brièveté de la vie, texte et trad. A. Bourgery, Paris, Les Belles Lettres, 1930 ; 2021.

De la colère, texte et trad. A. Bourgery, Paris, Les Belles Lettres, 1922 ; 2022.

De la clémence, texte et trad. F.-R. Chaumartin, Paris, Les Belles Lettres, 2005 ; 2007.

Des bienfaits, texte et trad. F. Préchac, 2 vol., Paris, Les Belles Lettres, 1926 ; 2003.

Lettres à Lucilius, texte F. Préchac et trad. H. Noblot, 5 vol., Paris, Les Belles Lettres, 1945-2022.

Les Questions naturelles, texte et trad. P. Oltramare, 2 vol., Paris, Les Belles Lettres, 1929 ; 2003.

L'Apocoloquintose du divin Claude, texte et trad. R. Waltz, Paris, Les Belles Lettres, 1934 ; 2020.

Tragédies : *Hercule furieux, Les Troyennes, Les Phéniciennes, Médée, Phèdre ; Œdipe, Agamemnon, Thyeste* ; [*Hercule sur l'Œta, Octavie*], texte et trad. F.-R. Chaumartin, 3 vol., Paris, Les Belles Lettres, 1996-2021.

Choix de textes traduits en français dans E. Bréhier et P.-M. Schuhl, *Les Stoïciens*, Paris, « Bibliothèque de la Pléiade », Gallimard, 1962 : *De la constance du sage ; De la tranquillité de l'âme ; De la brièveté de la vie ; De la vie heureuse ; De la providence ; Lettres à Lucilius 71-74.*

II. Textes anciens cités

A) *Auteurs sources des fragments et témoignages*

Augustin [frag. 65-74 ; 102], *La cité de Dieu*, texte Dombart rev. Kalb (Leipzig, Teubner, 1928), trad. P. de Labriolle et J. Perret, 2 vol., Paris, Garnier, 1941 ; 1960.

– *La cité de Dieu*, Œuvres, II, éd. publiée sous la direction de L. Jerphagnon, « Bibliothèque de la Pléiade », Paris, Gallimard, 2000.

– *Epistulae*, III, (*Ep.* 124-184), éd. par A. Goldbacher, Vindobonae (Vienne), *Corpus Scriptorum Ecclesiasticorum Latinorum*, 44, 1904.

[CASSIODORE, fr. 56] Cassiodorus, *Institutiones*, ed. R.A.B. Mynors, Oxford, Clarendon, 1961 [2].

[DIOMÈDE, fr. 57, 75] Diomedes, *Artis grammaticae libri III*, ed. H. Keil, Lipsiae, Teubner, 1857 ; repr. G. Olms, Hildesheim, 1981.

[DION CASSIUS, fr. 6, 7, 9, 11b, 18] Dio's *Roman History*, 9 vol., texte et trad. de H. Baldwin Foster et E. Cary, London-Cambridge/Mass., Loeb Classical Library, 1927 *sq.*

JÉRÔME [frag. 22-54], E. Hieronymus, *Adversus Jovinianum*, I, in *Diatribe in Senecae philosophi fragmenta*, ed. E. Bickel ; vol. I, *Fragmenta de matrimonio*, Lipsiae, Teubner, 1915.

– *Contre Jovinien*, I, texte et trad. L. Savoye, Paris, Le Cerf, 2023.

LACTANCE [frag. 61, 62, 76-89], L.C.F. Lactantius, *Divinae institutiones*, ed. S. Brandt, Vindobonae (Vienne), Tempsky, 1890.

– *Institutions divines*, Livres I, II et V-1, texte et trad. P. Monat, 1986, 1987 et 1973 ; Livre VI, texte et trad. C. Ingemaar, Paris, Le Cerf, 2007.

MARTIAL [frag. 17], *Épigrammes*, texte et trad. H.-J. Izaac, 3 vol., Paris, Les Belles Lettres, 1930-1934 ; 2012, 2018, 2003.

PLINE L'ANCIEN [frag. 20, 100,101], *Histoire naturelle*, Livre I, texte et trad. J. Beaujeu, 1951 ; Livre VI, 2, texte et trad. J. André et J. Filliozat, 1980 ; Livre IX, texte et trad. E. de Saint-Denis, 1955, Paris, Les Belles Lettres ; les trois volumes republiés 2003.

PLINE LE JEUNE [frag. 14], *Lettres*, tome II, texte et trad. A.-M. Guillemin, Paris, Les Belles Lettres, 1927 ; 2009.

[PRISCIEN, frag. 16] Priscianus grammaticus, *Institutionum grammaticarum libri XVIII*, ed. M. Hertz, vol. I, Lipsiae, Teubner, 1855 ; repr. G. Olms, Hildesheim, 1981.

QUINTILIEN [frag. 1, 12], *Institution oratoire*, tomes V et VI, texte et trad. J. Cousin, Paris, Les Belles Lettres, 1978 et 1979 ; 2003 et 2016.

[SERVIUS, frag. 19, 21], Servius grammaticus, *In Vergili Carmina commentarii*, vol. II, ed. G. Thilo, Lipsiae, Teubner, 1884 ; repr. G. Olms, Hildesheim, 1986.

– *Commentaire sur l'*Énéide *de Virgile*, livre VI, texte et trad. E. Jeunet-Mancy, Paris, Les Belles Lettres, 2012 ; 2021.

SUÉTONE [frag. 2], *Vie des douze Césars*, tome II, texte et trad. H. Ailloud, Paris, Les Belles Lettres, 1931 ; 2021.

TACITE [frag. 4, 8, 10, 11, 13, 98, 99], *Annales*, tome IV, texte et trad. P. Wuillemier, Paris, Les Belles Lettres, 1924 ; revu J. Hellegouarc'h, 1996 ; 2010.

TERTULLIEN [frag. 63, 64], *Apologétique*, texte et trad. J.-P. Waltzing en collab. A. Severyns, Paris, Les Belles Lettres, 1929 ; 2003.

– *La résurrection de la chair*[1], texte et trad. P. Siniscalco, P. Podolak, M. Moreau, Paris, Le Cerf, 2023.

– *De l'âme*, texte et trad. J. Leal, Paris, Le Cerf, 2019.

[SÉNÈQUE, fr. 5, 55, 58-60, 90-92, 97]

B) *Autres textes anciens cités*

APPIEN, *Histoire romaine*, XII : *La guerre de Mithridate*, texte et trad. P. Goukowsky, Paris, Les Belles Lettres, 2001 ; 2019.

APULÉE, *Métamorphoses*, texte D. Robertson et trad. P. Valette, Paris, Les Belles Lettres, tome III, 1945 ; 2002.

AULU-GELLE, *Les nuits attiques*, texte et trad. R. Marache, Y. Julien, 4 tomes, Paris, Les Belles Lettres, 1967-1998 ; 2022.

CATULLE, *Poésies*, texte et trad. G. Lafaye, Paris, Les Belles Lettres, 1923 ; rev. S. Viarre, 1992 ; 2022.

1. *De resurrectione carnis*, précédemment intitulé *De la résurrection des morts*.

CICÉRON, *Les Académiques. Academica*, trad. J. Kany-Turpin, Paris, GF-Flammarion, 2010.

– *Caton l'ancien. De la vieillesse*, texte et trad. P. Wuillemier, Paris, Les Belles Lettres, 1961 ; 2011.

– *De la divination*, texte et trad. F. Guillaumont, 2 tomes, Paris, Les Belles Lettres, 2022 ; 2023.

– *De natura deorum. Academica*, texte et trad. H. Rackham, London-Cambridge/Mass., Loeb Classical Library, 1933 ; *De la nature des dieux*, (texte Teubner 1887), trad. Ch. Appuhn, Paris, Garnier, 1936.

– *Des termes extrêmes des biens et des maux (Des fins)*, texte et trad. J. Martha, Paris, Les Belles Lettres, 1928 ; tome I rev. C. Lévy, 1990 ; 2018 ; tome II rev. C. Rambaux, 1989 ; 2021.

– *Tusculanes*, texte G. Fohlen et trad. J. Humbert, 2 tomes, Paris, Les Belles Lettres, 1930 et 1931 ; rev. Cl. Rambaux, 1997 ; 2011.

– *De M. Tullio Cicerone graecorum interprete* (traductions du grec), par V. Clavel, Paris, 1868.

DIOGÈNE LAËRCE : Diogenes Laertius, *Lives of eminent philosopers*, 2 vol., texte et trad. R.D. Hicks, London-Cambridge/Mass., Loeb Classical Library, 1925 ; 1972.

Écrits apocryphes chrétiens, I, sous la direction De F. Bovon et P. Geoltrain, « Bibliothèque de la Pléiade », Paris, Gallimard, 1997.

ÉPICTÈTE, *Entretiens*, texte et trad. J. Souilhé et A. Jagu, 4 tomes, Paris, Les Belles Lettres, 1945-1964 ; 2002 et 2003.

– *Entretiens, Fragments et Sentences*, trad. R. Muller, Paris, Vrin, 2015.

ESCHYLE, *Les Perses*, dans *Tragédies*, tome I, texte et trad. P. Mazon, Paris, Les Belles Lettres, 1920, 2e éd. 1931 ; 2022.

EURIPIDE, *Alceste*, Tragédies, tome I, texte et trad. L. Méridier, Paris, Les Belles Lettres, 1926 ; 2022.

– *Héraclès*, Tragédies, tome III, texte et trad. H. Grégoire et L. Parmentier, Paris, Les Belles Lettres, 1923 ; 2002.

– *Fragments*, texte et trad. F. Jouan et H. Van Looy, 4 vol., Paris, Les Belles Lettres, 1998-2003.

HÉRODOTE, *Histoires*, texte et trad. Ph-E. Legrand, Paris, Les Belles Lettres, Livre I, 1932 ; 2022 ; Livre VII, 1951 ; 2022.

HÉSIODE, *Théogonie. Les travaux et les jours. Bouclier*, texte et trad. P. Mazon, Paris, Les Belles Lettres, 1928 ; 2021.

HOMÈRE, *Iliade*, texte et trad. P. Mazon, Paris, Les Belles Lettres, 4 tomes, 1937-1938.

– *L'Odyssée*, texte et trad. V. Bérard, Paris, Les Belles Lettres, 3 tomes, 1924 ; 2022.

HORACE, *Epitres*, texte et trad. F. Villeneuve, Paris, Les Belles Lettres, 1934 ; 2020.

ISOCRATE, *Panégyrique*, dans *Discours*, tome II, texte et trad. G. Mathieu et E. Brémond, Paris, Les Belles Lettres, 1938 ; 2020.

JULIEN L'EMPEREUR, *Contre les Galiléens*, texte E. Masaracchia, trad. A. Giavatto et R. Muller, Paris, Vrin, 2018.

JUSTIN, *Abrégé des* Histoires Philippiques *de Trogue Pompée*, texte et trad. B. Mineo, Paris, Les Belles Lettres, 3 tomes, 2016-2020.

JUVÉNAL, *Satires*, texte et trad. P. de Labriolle et F. Villeneuve, Paris, Les Belles Lettres, 1921 ; corr. J. Gérard, 1996 ; 2002.

LUCAIN, *La guerre civile (La Pharsale)*, texte et trad. A. Bourgery et M. Ponchont, Paris, Les Belles Lettres, 2 tomes, 1927 et 1930 ; rev. P. Jal, 1997 et 1993 ; 2017 et 2022.

[LUCIEN] Lucian, *Hermotimus or concerning the sects*, dans Œuvres, vol. VI, texte et trad. K. Kilburn, London-Cambridge/Mass., Loeb Classical Library, 1959.

LUCRÈCE, *De la nature*, texte et trad. E. Ernout, Paris, Les Belles Lettres, 2 tomes, 1920-1921 ; 2e éd. 1964 ; rev. Cl. Rambaux, 2022.

NICOLAS DE DAMAS, *Histoires. Recueil de coutumes. Vie d'Auguste. Autobiographie*, textes, trad. E. Parmentier et F. Prometea Barone, Paris, Les Belles Lettres, 2011.

OVIDE, *L'Art d'aimer*, texte et trad. H. Bornecque, Paris, Les Belles Lettres, 1924 ; rev. Ph. Heuzé, 1994 ; 2022.

– *Métamorphoses*, texte et trad. G. Lafaye, Paris, Les Belles Lettres, 3 tomes, 1925, 1928 et 1930 ; rev. J. Fabre (1999), H. Le Bonniec (1995, 1991) ; 2008, 2021.

– *Pontiques*, texte et trad. J. André, Paris, Les Belles Lettres, 1977 ; 2022.

PHILODÈME DE GADARA, *Sur la mort*, texte et trad. D. Delattre, Paris, Les Belles Lettres, 2022.

PLATON, *Phèdre*, texte Cl. Moreschini, trad. P. Vicaire, Paris, Les Belles Lettres, 1985 ; 2022.

– *Timée. Critias*, texte et trad. A. Rivaud, Paris, Les Belles Lettres, 1925 ; 2021.

PLUTARQUE, *Opinions des philosophes*, texte et trad. G. Lachenaud, Paris, Les Belles Lettres, 1993 ; 2003.

– *Sur les notions communes, contre les Stoïciens*, texte M. Casevitz et trad. D. Babut, Paris, Les Belles Lettres, 2002.

– *Vies* : tome VI, *Vie de Marius*, et tome IX, *Vie de César* ; texte et trad. R. Flacelière et E. Chambry, Paris, Les Belles Lettres, 1971, 2022 et 1975, 2020.

RUTILIUS NAMATIANUS, *Sur son retour*, texte et trad. E. Wolff, Paris, Les Belles Lettres, 2007.

SEXTUS EMPIRICUS, *Against the logicians* (= *Adversus mathematicos* VII), texte et trad. R.G. Bury, London-Cambridge/Mass., Loeb Classical Library, 1935.

SUÉTONE, *Vie des douze Césars*, texte et trad. H. Ailloud, tome I et II, Paris, Les Belles Lettres, 1931 ; 2021.

TACITE, *Annales*, tome II, texte et trad. P. Wuillemier, 1975 ; rev. H. Le Bonniec, 1990 ; 2019.

– *Histoires*, tome II, texte et trad. H. Le Bonniec, Paris, Les Belles Lettres, 1921 ; 2e éd. 1989 ; 2003.

TITE LIVE, *Histoire romaine*, Livres I et III, texte et trad. J. Bayet et G. Baillet, Paris, Les Belles Lettres, 1940 et 1943 ; 2022 et 2003.

VALÈRE MAXIME, *Faits et dits mémorables*, texte et trad. R. Combès, 2 tomes, Paris, Les Belles Lettres, 1995 et 1997 ; 2003.

VELLEIUS PATERCULUS, *Histoire romaine*, texte et trad. J. Hellegouarc'h, Paris, Les Belles Lettres, 2 tomes, 1982 ; 2003.

VIRGILE, *Énéide*, texte et trad. J. Perret, 3 tomes, Paris, Les Belles Lettres, 1977-1980 ; 2022, 2020, 2018.
– *Géorgiques*, texte et trad. E. de Saint-Denis, Paris, Les Belles Lettres, 1926 ; rev. R. Lesueur, 1995 ; 2012.

III. AUTEURS MODERNES

ANDRÉ J.-M., *La philosophie à Rome*, Paris, Presses Universitaires de France, 1977.
AUBENQUE P. et J.-M. ANDRÉ, *Sénèque*, Paris, Seghers, 1964.
ARMISEN-MARCHETTI M., « Seneca (Lucius Annaeus) », dans R. Goulet, *Dictionnaire des philosophes antiques*, vol. VI, 2016, p. 177-202.
BRÉHIER E. et P.-M. SCHUHL, *Les Stoïciens*, « Bibliothèque de la Pléiade », Paris, Gallimard, 1962.
GOULET R. (dir.), *Dictionnaire des philosophes antiques*, Paris, CNRS Editions, 8 vol., 1989-2018.
GRIMAL P., *Sénèque*, Paris, Les Belles Lettres, 1978 ; Fayard, 1991.
– *Tacite*, Paris, Fayard, 1990.
MICHEL A., « La philosophie en Grèce et à Rome de –230 à 250 », dans *Histoire de la philosophie*, I, sous la direction de B. Parain, « Encyclopédie de la Pléiade », Paris, Gallimard, 1969, p. 773-885.
MULLER R., *Les Stoïciens*, Paris, Vrin, 2006 ; 2012.
PRÉCHAC F., dans Sénèque, *Des bienfaits*, texte et traduction F. Préchac, Paris, Les Belles Lettres, 1926 ; 2003, tome I, p. I-XXVII.
REINACH T., *Textes d'auteurs grecs et romains relatifs au Judaïsme*, 1895 ; rééd. Paris, Les Belles Lettres, 2007.
ROGER R., *L'enseignement des lettres classiques d'Ausone à Alcuin*, Paris, 1905.

INDEX

ACHILLE, 104, 105
ADMÈTE, 40
AFER, 16
AFRICANUS, 16
AGAMEMNON, 11, 59, 93
AGÉRINUS, 19
AGRIPPA : voir MARCUS AGRIPPA
AGRIPPINE, 17, 19
ALCESTE, 40
ALCIBIADE, 34
ALEXANDRE, 106
ANNAEUS MÉLA, 108
ANNIA, 37
ANNICÉRIS, 67
ANTOINE, 99, 116, 119
APOLLON, 86, 104
APPIEN, 74
APULÉE, 57
ARÉTHUSE, 103
ARISTOTE, 28, 45, 47
ARTÉMISIA, 33
ASTORIA, 32
ATRÉE, 39
AUGUSTE, 21, 23, 25, 31, 101,113
AUGUSTIN, 53, 78
AULU-GELLE, 13, 74
AUSONIENS, 100

BACCHUS, 104
BASILISSA, 114
BELLONE, 60
BIBULUS, 36
BILIA, 35
BRETONS, 101
BRITANNICUS, 17
BRUTUS, 35-38
BURRUS, 16, 17

CALIGULA, 15, 17
CANDAULE, 34
CASCA, 113, 114
CATON, 32, 33, 36, 37, 82, 88, 89, 95, 97, 105, 114
CATULLE, 40, 57
CÉCROPS, 90, 93
CÉSAR, 20, 21, 23, 31, 88, 92, 95, 100-102, 113, 114, 116
CÉSONIUS MAXIMUS, 24
CHRÉTIENS, 54, 61
CHRYSIPPE, 7, 29, 62

CICÉRON, 23, 31, 46, 47, 51, 53, 56, 60, 62-64, 66, 87, 88, 90, 105
CLAUDE (Empereur), 7, 11, 18, 20, 25, 76, 82, 90, 100-102
CLAUDIA (vierge Vestale), 36
CLÉANTHE, 7, 22, 62
CLÉOPÂTRE, 99, 116
CLOACINA (déesse), 56
CNAEUS (Pompée le Grand), 32
CNAEUS (fils du précédent), 89
CORNÉLIA, 38
COSCONIA, 112
CRISPUS, 16, 90, 109
CYBÈLE, 36, 54, 57
CYPARÉE, 107
CYRILLE D'ALEXANDRIE, 28

DARIUS, 34
DÉDALE, 97
DÉLIE, 111
DÉMOSTHÈNE, 33
DIANE, 104
DIOGÈNE (LE CYNIQUE), 67
DIOGÈNE LAËRCE, 32, 67
DIOMÈDE, 105
DUILLIUS, 35

ÉGYPTIENS, 26, 54
ÉPICTÈTE, 7
ÉPICURE, 63
ÉPICURIENS, 52, 64
ESCHYLE, 87
EURIPIDE, 22, 39, 40

FULGORA (déesse), 60

GAIA, 102
GALLA, 111
GALLES, 57
GERMANICUS, 17, 102
GÉRYON, 103
GRACCHUS, 38

HECTOR, 97, 104, 105
HÉLÈNE, 39
HELLÉ, 87
HERCULE, 105
HÉRODOTE, 34, 85, 87
HÉROGÈNE, 103
HÉSIODE, 73
HIPPODAMIE, 105
HIRTIUS, 31
HOMÈRE, 40, 90, 99
HORACE, 61
HORTENSIUS, 37

IDÉA (déesse), 36
INDIENS, 25, 39
ISAÏE, 53
ISIS, 26
ISOCRATE, 87
ITALIENS, 100

JÉSUS, 78
JUGURTHA, 97
JUIFS, 54, 60, 61
JUNON, 58-60, 110
JUPITER, 29, 58-60, 72, 73, 87, 105, 110, 116
JUSTIN, 103

JUVÉNAL, 60

LACTANCE, 51, 62
LAODAMIE, 40
LÉONTION, 28
LICINIA, 33
LICINUS, 95
LUCAIN, 36, 90, 97, 108
LUCIEN, 35
LUCRÈCE (épouse de Tarquin Colla Tin), 35, 38
LUCRÈCE (poète), 86
LYSANDRE, 34
LYSIAS, 30

MAEVIUS, 116, 118
MAGNUS, 89, 91, 95, 97, 112, 113
MANIUS AQUILLIUS, 74
MARC-AURÈLE, 7, 51
MARCELLA, 37
MARCIA, 11, 36, 37, 51, 52, 78, 85
MARCUS AGRIPPA, 21
MARCUS ANNAEUS LUCANUS, 108
MARCUS ANNAEUS NOVATUS, 108
MARCUS PORCIUS CATON : voir CATON
MARCUS TULLIUS : voir CICÉRON
MARIUS, 97
MARS, 60, 101
MARTIAL, 48, 83, 89, 105, 113
MARTIN DE BRAGA, 46
MAUSOLE, 33
MAXIME, 98, 99
MÉCÈNE, 21
MÈDE, 107
MÉLON, 27
MESSALA CORVINUS, 31
MESSALINE, 19, 25
MÉTELLA, 32
MÉTRODORE, 28
MINERVE, 58
MITHRIDATE, 32, 74

NEPTUNE, 60
NÉRÉE, 102, 115
NÉRÉIDES, 102
NÉRON, 15, 16, 18-20, 77
NERVA, 23
NICOLAS DE DAMAS, 113
NUMA, 56, 100

OCÉANUS, 102
OCTAVE, 21, 116
ŒNOMAÜS, 105
ORPHÉE, 97
OSIRIS, 26, 58
OTHON, 16
OVIDE, 24, 40, 83, 105

PALLAS, 86
PANÉTIUS, 7, 46
PARTHE, 101
PASIPHAÉ, 98
PAUL (apôtre), 53, 55, 61, 79
PÉLOPS, 105

PÉNÉLOPE, 40
PENTHÉSILÉE, 104
PERSES, 87
PHARNABAZE, 34
PHÉBÉ (déesse), 86
PHÉBUS, 86, 119
PHILIPPE (roi), 33
PHILODÈME, 51
PHRIXOS, 87
PICUS (dieu), 56
PISON, 19
PIUS, 90
PLATON, 30, 45, 47, 55, 56, 60, 63, 67, 69, 93
PLAUTIUS LATÉRANUS, 19
PLINE L'ANCIEN, 26, 74, 77, 78
PLINE LE JEUNE, 53, 83
PLUTARQUE, 28, 45, 47, 72, 97, 101, 113
POLLION, 79
POMPÉE, 32, 82, 89-92, 95, 97, 106, 113
POMPONIUS MÉLA, 27
PONTUS (dieu), 102
POPULONIA (déesse), 60
PORCIA, 36-38
POSIDONIUS, 7, 62
PRIAM, 97, 104
PROTÉSILAS, 40, 97
PTOLÉMÉE, 97

QUIRINUS, 101

RHODOGUNE, 34
ROMULUS, 56, 100, 101
RUMINA (déesse), 60
RUTILIUS NAMATIANUS, 60, 61

SALACIA (déesse), 60
SALLUSTE, 31
SALONIA, 33
SATURNE, 73
SCIPION, 38
SÉCUNDUS, 16
SÉJAN, 16
SÉRÉNUS, 24
SERRANUS, 103
SERTORIA, 106
SERVIUS, 25
SEXTUS EMPIRICUS, 69
SEXTUS POMPÉE, 89, 90
SEXTUS TARQUIN, 35
SOCRATE, 32, 34
SOTION, 17
STOÏCIEN, 7, 40, 52, 63
STRATON, 55, 56
SUBRIUS FLAVUS, 77
SUÉTONE, 25, 58, 75, 102, 113
SUILLIUS, 17
SYLLA, 32

TACITE, 15, 23, 53, 60, 75, 76, 90, 100, 116
TANAQUIL, 38
TARQUIN, 35, 39, 56
TÉLAMON, 104
TÉRENTIA, 31
TÉTHYS, 60, 86, 102
THALES, 66
THÉOPHRASTE, 40, 56

THYESTE, 39
TIBÈRE, 23, 75, 90
TIBÉRINUS (dieu), 56
TITE-LIVE, 35, 62
TITUS TATIUS, 56
TRACHALUS, 16
TROGUE POMPÉE, 103
TULLUS HOSTILIUS, 56
TYDÉE, 105
TYPHON, 26

ULYSSE, 40, 105

VALÈRE MAXIME, 116
VARRON, 54, 55, 59, 95
VÉGÉTUS, 103
VELLÉIUS PATERCULUS, 92
VÉNUS, 60
VERGINIUS RUFUS, 23
VESPASIEN, 58
VIRGILE, 49, 53, 116
VIRIATHUS, 92
VULCAIN, 60

XANTHIPPE, 32
XÉNOCRATE, 56, 69
XERXÈS, 87, 108, 115

ZÉNON, 7, 63

TABLE DES MATIÈRES

INTRODUCTION par Robert MULLER 7
Les œuvres de Sénèque 11

FRAGMENTS ET TEMOIGNAGES

TEXTES LITTÉRAIRES

[I. TEXTE DE QUINTILIEN] 13
II. DISCOURS (T 2-T 13) 15
III. POÉSIE (T 14-F 16) 22
IV. LETTRES (T 17-T 18) 24

OUVRAGES PHILOSOPHIQUES

V. GÉOGRAPHIE-ÉGYPTE (T 19) 25
VI. GÉOGRAPHIE-INDE (T 20-T 21) 25
VII. DU MARIAGE (T 22-F 54) 27
VIII. DU TREMBLEMENT DE TERRE (T 55) 44
IX. DE LA FORME DU MONDE (T 56) 45
X. DES DEVOIRS (F 57) 46
XI. COMMENT SAUVEGARDER L'AMITIÉ (F 58-F 60) 46
XII. DE LA MORT PRÉMATURÉE (F 61-F 63) 51
XIII. DE LA SUPERSTITION (T 64-F 75) 53

XIV. EXHORTATIONS (F 76-F 89) 62
XV. PHILOSOPHIE MORALE (T 90-F 96) 69

DIVERS

XVI. LA VIE DE MON PÈRE (F 97) 74
XVII. ULTIMES PAROLES ET TESTAMENT (T 98-T 99) 76
XVIII. ÉCRITS NON IDENTIFIÉS (T 100-F 102) 77

ÉPIGRAMMES

INTRODUCTION par Robert MULLER 81
ÉPIGRAMMES 85

BIBLIOGRAPHIE 121
INDEX 129
TABLE DES MATIÈRES 135

Achevé d'imprimer en août 2025
sur les presses de
La Manufacture - Imprimeur – 52200 Langres
Tél. : (33) 325 845 892
N° imprimeur 250554 – Dépôt légal : août 2025
Imprimé en France